MAIS DE UMA LUZ

AMÓS OZ

Mais de uma luz

Fanatismo, fé e convivência no século XXI

Tradução do hebraico
Paulo Geiger

1ª reimpressão

COMPANHIA DAS LETRAS

Grafia atualizada segundo o Acordo Ortográfico da Língua Portuguesa de 1990, que entrou em vigor no Brasil em 2009.

Título original
תשובה לקנאים

Capa
Kiko Farkas/ Máquina Estúdio

Preparação
Cláudia Cantarin

Revisão
Clara Diament
Jane Pessoa

Dados Internacionais de Catalogação na Publicação (CIP)
(Câmara Brasileira do Livro, SP, Brasil)

Oz, Amós.
Mais de uma luz: Fanatismo, fé e convivência no século XXI / Amós Oz; tradução do hebraico Paulo Geiger. — 1ª ed. — São Paulo: Companhia das Letras, 2017.

ISBN 978-85-359-2937-9

1. Conflito árabe-israelense 2. Ensaios 3. Fanatismo 4. Fé 5. Israel – Política e governo 6. Judaísmo 7. Palestina – Política e governo I. Título.

17-04561 CDD-892.4

Índice para catálogo sistemático:
1. Ensaios: Literatura israelense 892.4

[2021]

EDITORA SCHWARCZ S.A.
Rua Bandeira Paulista, 702, cj. 32
04532-002 — São Paulo — SP
Telefone: (11) 3707-3500
www.companhiadasletras.com.br
www.blogdacompanhia.com.br
facebook.com/companhiadasletras
instagram.com/companhiadasletras
twitter.com/cialetras

Para meus netos Din, Nadav, Alon e Iael,
com amor e com respeito

Sumário

Introdução

Três artigos que não foram escritos por um pesquisador, nem por um especialista, mas por um homem engajado cujos sentimentos às vezes também se envolvem.

A conexão entre os artigos é meu desejo de lançar um olhar pessoal em temas que, entre nós israelenses, estão mergulhados em grande polêmica, alguns dos quais são para mim questão de vida ou morte.

Estes artigos não têm a pretensão de abordar todas as facetas de cada controvérsia, de explorar todos os seus componentes, e certamente não pretendem ser a palavra final, mas buscam, sim, principalmente, a atenção daqueles cujas ideias são diferentes das minhas.

Amós Oz

Caro fanático[1]

Então, como curar os fanáticos? Uma coisa é sair em perseguição a um bando de fanáticos armados nas montanhas do Afeganistão, nos desertos do Iraque ou nas cidades da Síria. Outra, completamente diferente, é combater o próprio fanatismo. Não tenho nenhuma nova proposta a fazer em relação às guerras nas montanhas e no deserto ou às perseguições on-line. Mas eis aí algumas ideias quanto à natureza do fanatismo e aos caminhos para contê-lo.

1. Este texto é uma versão revista, ampliada e atualizada do ensaio "Como curar um fanático", traduzido para cerca de vinte línguas e publicado no livro de mesmo nome (editado no Brasil pela Companhia das Letras, em 2015). [Esta e as demais notas chamadas por número são do autor.]

O ataque às Torres Gêmeas em Nova York no Onze de Setembro de 2001, bem como as dezenas de atentados em pleno centro de cidades e lugares de grande aglomeração em diversas partes do mundo, não se originou da ira dos pobres contra os ricos. A brecha entre a pobreza e a riqueza é um mal antigo, mas a nova onda de violência não é apenas — nem principalmente — uma reação a ela. (Se assim fosse, os ataques terroristas teriam vindo de terras africanas — que são as mais pobres — e teriam como alvo a Arábia Saudita e os emirados do Golfo, as mais ricas de todas.)

Essa guerra está sendo travada entre fanáticos, convencidos de que seus fins santificam todos os meios, e todos os outros, que têm para si que a própria vida é um fim, e não um meio. É uma luta entre os que afirmam que a justiça, seja qual for essa coisa à qual se referem quando pronunciam a palavra "justiça", é mais importante do que a vida, e aqueles para quem a própria vida tem precedência sobre muitos outros valores.

Desde que o pesquisador Samuel Huntington definiu o atual campo de batalha mundial como "guerra de civilizações", travada sobretudo entre o Islã e a cultura ocidental, grassa em muitos lugares uma visão de mundo racista, segundo a qual há um embate entre "selvagens terroristas" e "pessoas de cultura" ocidentais. Essa não é a descrição de Huntington, mas é a sensação que mais se difunde de suas palavras.

Para o governo israelense, por exemplo, é muito confortável apoiar-se nesse estilo de bangue-bangue barato, pois lhe permite enfiar a luta do povo palestino por seu direito de se libertar do jugo da conquista israelense na mesma "lixeira" indecente da qual emergem, sem parar, assassinos muçulmanos fanáticos que praticam atrocidades no mundo inteiro.

Muitos esquecem que o Islã radical não detém nenhum monopólio sobre o fanatismo violento. A destruição das Torres Gêmeas em Nova York e os massacres que continuam a acontecer em diversos lugares do mundo não estão necessariamente ligados às questões do tipo o Ocidente é bom ou mau? A globalização é uma bênção ou um monstro? O capitalismo é abominável ou óbvio? A secularidade e o hedonismo são sujeição ou libertação? O colonialismo ocidental acabou ou só adotou um novo formato?

A todas essas questões podem ser dadas respostas diferentes e contraditórias sem que nenhuma delas seja uma resposta fanática. O fanático nunca entra em um debate. Se ele considera que algo é ruim, se para ele está claro que algo é ruim aos olhos de Deus, seu dever é liquidar imediatamente aquela abominação, mesmo que, para isso, tenha de matar seus vizinhos ou quem mais por acaso estiver por perto.

O fanatismo é muito mais antigo do que o Islã. Mais antigo do que o cristianismo e o judaísmo. Mais antigo do que toda ideologia que existe no mundo. É um fundamento fixo na natureza dos seres humanos, um "gene mau": os que explodem uma enfermaria onde se realizam abortos, os que assassinam imigrantes na Europa, os que assassinam mulheres e crianças judias em Israel, os que põem fogo numa casa com uma família palestina inteira dentro, pais e filhos, em terras conquistadas por Israel, os que profanam sinagogas e igrejas e mesquitas e cemitérios, tudo isso talvez realmente difira da Al-Qaeda e do Estado Islâmico no âmbito e na gravidade de seus atos, mas não na natureza dos crimes. Atualmente é comum se mencionarem os "pecados do ódio", porém seria melhor ser mais exato e usar a expressão "pecados do fanatismo". Esse tipo de pecado é cometido quase diariamente, contra muçulmanos também.

Genocídio e jihad e cruzadas, Inquisição e gulags e campos de extermínio e câmaras de gás, porões de tortura e atentados terroristas indiscriminados, nada disso é novidade, e quase todos esses tipos de manifestação antecederam em muitos séculos a ascensão do Islã radical.

Quanto mais difíceis e complexas se tornam as perguntas, tanto mais cresce a avidez por respostas simples, respostas com uma única sentença, respostas que apontem sem hesitação os culpados por todos os nossos sofrimentos, respostas que nos assegurem de que, uma vez que eliminemos e exterminemos os malvados, imediatamente todos os nossos tormentos desaparecerão.

"É tudo consequência da globalização!", "A culpa é dos muçulmanos!", "Tudo isso é por causa da permissividade!", ou "por causa do Ocidente!", ou "por causa do sionismo!", ou "por causa desses imigrantes!", ou "por causa da secularidade!", ou "por causa dos esquerdistas!" — tudo o que se tem de fazer segundo essas alegações é apagar o que se acha estar sobrando, marcar com um círculo que lhe pareça o mais correto, depois ir lá e matar esse satã (acompanhado dos seus vizinhos ou de quem por acaso estiver por perto), e assim abrir de uma vez por todas os portões do paraíso.

Cada vez mais, para muita gente, o sentimento público mais forte é o de profunda repulsa. Uma aversão subversiva a todo "discurso hegemônico", aversão ocidental ao Oriente, aversão oriental ao Ocidente, aversão secular aos crentes, aversão religiosa aos seculares — uma aversão arrasadora, irrestrita, que sobe e se avoluma como vômito das profundezas dessa ou daquela miséria. Essa aversão é um dos componentes do fanatismo, onde quer que ele se manifeste.

Por exemplo, uma ideia que surgiu há cerca de meio século como um conceito inovador e instigante, do multiculturalismo e da política das identidades, tornou-se rapidamente, em muitos lugares, uma política de ódio às identidades; o que começou como uma ampliação do horizonte cultural e emocional cada vez mais se degenera em uma realidade de horizontes bloqueados, de introversão, de ódio ao outro — em resumo, uma nova onda de aversão ao próximo e de um fanatismo crescente, que aumenta a partir de várias direções.

Talvez meus tempos de infância em Jerusalém tenham me capacitado a ser de certa forma um especialista em "fanatismo comparado". Nos anos 1940, em Jerusalém, havia não poucos corações e mentes abertos, e esclarecidos, mas lá havia também uma multidão de profetas, redentores e messias autoproclamados. Até os dias de hoje, para cada dois ou três jerosolimitas há uma fórmula particular para a salvação num piscar de olhos. Claro que muitos deles dizem, referindo-se a si mesmos, como nas palavras de uma antiga canção sionista, que estão em Jerusalém para "nela construir e ser construído", no entanto entre eles há não poucos judeus, muçulmanos, cristãos, revolucionários, radicais, "consertadores do mundo", que vieram para Jerusalém não para "nela construir e ser construído", e sim, talvez, para nela crucificar e ser crucificado.

Um conhecido transtorno psíquico ganhou a denominação médica de "síndrome de Jerusalém": as pessoas respiram o ar da montanha "límpido como o vinho" e imediatamente se levantam e vão atear fogo numa mesquita ou explodir uma igreja ou profanar uma sinagoga, matar hereges ou crentes, "varrer o mal do mundo". Em geral, porém, basta aos portadores dessa síndrome despir todas as roupas, escalar uma rocha e começar a profetizar.

Talvez só uns poucos acreditem nesses profetizadores, mas eles são muitos, de todos os matizes do arco-íris. O que é comum a todos é o ímpeto de concretizar alguma fórmula simples de salvação, e às vezes, também, de apontar os malvados de cuja presença é preciso purificar o mundo para alcançar a redenção. A própria redenção, para a maioria desses profetizadores, pode ser comprimida sem dificuldade alguma num mote com duas ou três sentenças.

Durante a minha infância em Jerusalém, eu também era um pequeno fanático sionista-nacionalista, dono da verdade, entusiasta e doutrinado. Era cego a qualquer argumento que discordasse da narrativa judaico-sionista que nos era passada por quase todos os adultos. Surdo a toda alegação que desafiasse essa narrativa. Assim como as outras crianças do bairro de Kerem Avraham, eu também atirava pedras em todo veículo das patrulhas britânicas que passava em nossa ruazinha. Enquanto atirávamos as pedras, lançávamos, num grito, quase todo o tesouro vocabular do inglês que conhecíamos: "*British, go home!!!*". Tudo isso aconteceu em 1946 ou 1947, no fim do mandato britânico em Jerusalém, nos dias da intifada original — a nossa intifada, dos judeus, contra a conquista britânica (esse também é, aparentemente, um pequeno exemplo da ironia da história).

No romance *Pantera no porão*,* contei as experiências por que passei ao descobrir de repente que às vezes há coisas no mundo que podem ser vistas de mais de uma maneira; há confrontos que não se podem definir em termos de preto no branco. No último ano do mandato britânico, quando eu

* *Pantera no porão*. Trad. de Isa Mara Lando e Milton Lando. São Paulo: Companhia das Letras, 1999. [Esta e as demais notas chamadas por asterisco são do tradutor.]

tinha oito anos, fiz amizade com um guarda inglês que falava um hebraico antigo e sabia quase toda a Bíblia hebraica de cor. Era um homem gordo, asmático, emotivo e talvez um pouco perturbado, que acreditava entusiasticamente que o retorno do povo judeu a sua antiga terra anunciava a redenção do mundo inteiro.

Quando descobriram essa ligação, meus colegas me chamaram de traidor. Muitos dias depois, eu comecei lentamente a me consolar com a ideia de que, para os fanáticos, traidor é aquele que ousa mudar. Os fanáticos, de todos os tipos, e em todo lugar, têm medo dele e desconfiam que essa mudança não passa de traição, por motivos obscuros e vis.

O menino no livro *Pantera no porão* entra na história como um sionista fanático, ardente em sua percepção de justiça, mas em cerca de duas semanas ele descobre, para seu espanto, que existem no mundo coisas que podem ser vistas de um modo, mas também de outro totalmente diferente. Com essa descoberta, ele perde sua infantilidade, porém é recompensado com a experiência de ver o mundo se alargar diante de si, e até mesmo com a graça de um primeiro indício de benevolência feminina.

Não bastassem todas essas maravilhas, o menino da história também é agraciado com certa especialização no campo do fanatismo comparado. Ele descobre que mais de uma vez o ódio cego faz com que os que se odeiam de ambos os lados da barricada sejam quase idênticos um ao outro.

Não, o termo "fanatismo comparado" com toda a certeza não é uma piada. Talvez tenha mesmo chegado o tempo no qual toda universidade, toda escola, todo instituto educacional devam incluir dois ou três cursos sobre fanatismo comparado, pois o fanatismo vem se fechando cada vez mais sobre nós, em Israel e em muitos lugares em todo o mundo, no Oriente e no Ocidente, no Norte e no Sul. E certamente não se trata apenas do fanatismo islâmico. Em diferentes lugares avolumam-se ondas perigosas de fanatismo religioso cristão (nos Estados Unidos, na Rússia, em alguns países da Europa oriental), ondas turvas de fanatismo religioso judaico, ondas sombrias de nacionalismo introvertido e xenófobo na Europa ocidental e oriental, e uma inundação crescente de racismo em várias sociedades.

O fanatismo, em quase toda a sociedade judaica israelense, em todas as suas variantes e seus tipos, chegou com os judeus da Europa. Da Europa oriental veio o fanatismo revolucionário dos pioneiros-fundadores, que se obstinaram em reconfigurar todo o povo de Israel, e até em apagar todos os legados dos egressos das diásporas, para fazer crescer aqui, com o braço estendido, um "novo homem". Da Europa vieram também o fanatismo nacionalista e o culto do militarismo, junto com todos os delírios da grandeza imperial. Também da Europa veio o fanatismo religioso, que se fecha num gueto fortificado e se defende de tudo que é diferente.

Mas foram os imigrantes dos países orientais que trouxeram para cá um legado de gerações de moderação, de relativa tolerância religiosa e o hábito de viver em harmonia também com quem não se parece com eles.

E assim, bem diante de nossos olhos, o fanatismo "europeu", em seus diversos tipos, vai apagando, cada vez mais, a moderação dos judeus orientais.

Como vimos, talvez uma das causas para o aumento do fanatismo seja a avidez cada vez mais acentuada por soluções simples e contundentes, pela salvação "de um golpe só". Além disso, estamos todos nos afastando dos horrores que aconteceram na primeira metade do século XX: Stálin e Hitler, sem que fosse essa sua intenção, fizeram com que duas ou três gerações que lhes sucederam desenvolvessem um temor profundo ante todo extremismo e, em certa medida, uma contenção dos instintos que levam ao fanatismo. Durante algumas dezenas de anos, graças aos maiores assassinos que o século XX conheceu, racistas se envergonhavam um pouco de seu racismo, quem estava cheio de ódio reprimia um pouco seu ódio, e os redutos de fanatismo no mundo controlavam um pouco suas manifestações, talvez não em toda parte, mas pelo menos em alguns lugares.

Nos anos mais recentes parece que esse "tributo" de Stálin, de Hitler, dos militaristas japoneses, está se aproximando de seu prazo de validade. A vacinação parcial que recebemos está se esgotando; ódio, fanatismo, aversão ao outro e ao diferente, brutalidade revolucionária, o fervor em "esmagar definitivamente todos os malvados mediante um banho de sangue", tudo isso está ressurgindo.

O fanatismo não é território particular da Al-Qaeda e do Estado Islâmico, Jabhat a-Nusra, Hamas e Hezbollah, neonazistas e antissemitas e adeptos da "supremacia branca" e islamófobos e Ku Klux Klan e os brutamontes das colinas* e todos os que derramam sangue alheio em nome de suas crenças. Todos esses fanáticos, e seus semelhantes, são conhecidos por todos nós. Eles nos são apresentados diariamente nas telas da televisão, enquanto vociferam, agitam os punhos com ira para as lentes das câmeras, gritam nos microfones todo tipo de motes rouquenhos. Esses são os fanáticos visíveis a olho nu. Minha filha Galia Oz dirigiu há alguns anos um documentário transmitido pelo Canal 1 que traça um retrato profundo e assustador das raízes do fanatismo e suas manifestações no subterrâneo judaico nos assentamentos.

Mas existem tipos menos evidentes e menos expostos de fanáticos; eles são abundantes à nossa volta, e às vezes entre nós também. Até mesmo no dia a dia da sociedade e entre as pessoas que conhecemos bem vislumbram-se manifestações, não necessariamente violentas, de fanatismo. Aqui e ali é possível deparar, por exemplo, com a reação de

* Grupo de ativistas israelenses de direita que agem com brutalidade, agredindo fisicamente palestinos e outros adversários.

antitabagistas fanáticos que acham quase justificado queimar vivo quem ousa acender um cigarro em suas proximidades, ou vegetarianos fanáticos que parecem querer comer vivos os comedores de carne. Alguns colegas no movimento pacifista me condenam, raivosamente, só porque tenho uma opinião diferente quanto ao caminho desejável para alcançar a paz entre Israel e a Palestina.

Claro, nem toda pessoa que ergue a voz a favor ou contra alguma coisa é suspeita de fanatismo, e nem todo aquele que protesta com raiva contra alguma injustiça pode ser considerado, em razão de seu protesto ou de sua raiva, fanático. Nem todo aquele que nutre concepções aguçadas e rígidas pode ser acusado de tender ao fanatismo. Nem mesmo quando expressa suas concepções ou seus sentimentos a plena voz. Não é o volume de sua voz que o definirá como um fanático, mas principalmente sua tolerância ou a falta dela com as vozes discordantes.

Assim, uma semente, oculta ou não, de fanatismo pode estar por trás de manifestações diversas de um dogmatismo irredutível, de um bloqueio ou mesmo de hostilidade em relação a posições que você não aceita. Uma certeza de ser o dono da verdade entrincheirada e blindada em si mesma, certeza sem janelas e sem portas, aparentemente é o sinal para o reconhecimento dessa doença, assim como o são atitudes que emanam dos poços turvos do desdém e da repulsa, que eliminam todos os outros sentimentos. (Não há mal na repulsa em si mesma: nos textos de Shakespeare, Dostoiévski, Brecht, Bialik e Brenner e Chanoch Levin, a repulsa é um componente causticante. Componente causticante — mas não o único. Nesses grandes autores, a repulsa é acompanhada de outros sentimentos, como compreensão, compaixão, saudade, humor e até alguma medida de afeição ou simpatia.)

Existem no mundo variedades distintas do mal. O discernimento entre as várias escalas do mal talvez seja a mais importante responsabilidade moral imposta a cada um de nós: todo menino sabe que a crueldade é ruim e condenável, enquanto seu inverso, a compaixão, só merece elogios. Essa é uma distinção moral muito simples e fácil. Uma mais vital e muito mais difícil é a que se deve fazer entre diferentes tons de cinza, entre gradações do mal. Defensores agressivos da qualidade ambiental, por exemplo, ou furiosos opositores da globalização, podem se revelar fanáticos violentos. Mas o mal que causam é infinitamente menor que aquele causado por um fanático que realiza um atentado contra uma multidão. E até os pecados do fanático que perpetra esse atentado não se equiparam aos dos fanáticos que empreendem uma limpeza étnica ou um genocídio.

Quem não for capaz de, ou não quiser, escalonar o mal pode se tornar, com isso, um servidor do mal. Todo aquele que "enfia num único saco" o apartheid, o colonialismo, o

Estado Islâmico, o sionismo, a violação da ordem política, as câmaras de gás, o sexismo, a fortuna dos magnatas e a poluição do ar está servindo o mal no próprio ato de se recusar a fazer uma gradação.

Todos os tipos de fanáticos tendem a viver num mundo em preto e branco. Num faroeste simplista de mocinhos contra bandidos. O fanático é na verdade um homem que só sabe contar até 1. E, não obstante, sem que isso constitua contradição, quase sempre o fanático tende a se espojar de satisfação num certo sentimentalismo agridoce, feito de uma mistura de raiva ardente diluída em autocomiseração pegajosa. Ele ou ela preferem "sentir" a pensar. A morte — a própria morte e a dos outros — excita e agita a imaginação do fanático. Reiteradamente, o mundo inteiro é, a seu ver, desprezível e abjeto, ele aspira a se livrar logo dele (e levar outros consigo, o maior número possível). O fanático tem a ânsia de se apressar e converter este mundo ruim em um "mundo onde tudo é bom", "o mundo do além" (com ou sem 72 virgens que o esperam como prêmio ou indenização pelo sacrifício de sua vida). Assim, com frequência o "mundo do além" desenha-se para o fanático nos diversos matizes de um kitsch adocicado.

Conformismo, caminhada cega por um rumo preestabelecido, obediência sem pensar e sem objetar, a tão disseminada ânsia de pertencer a um grupo humano compacto e sólido, esses também são componentes da alma do fanático. No maravilhoso filme *A vida de Brian*, do Monte Python, Brian, o salvador, discursa para seu público: "Todos vocês são indivíduos!".

A multidão lhe responde num só brado, tonitruante:

"Sim! Somos todos indivíduos!"

"Vocês todos são diferentes!"

"Sim! Somos todos diferentes!"

E apenas um homenzinho no meio da multidão grita com uma voz fininha: "Eu não".

Se o impulso de se manter naquele rumo e a ânsia de ser parte da multidão são o solo no qual se cultiva o fanático, assim também o são os vários tipos de culto à personalidade, o endeusamento de líderes religiosos e dirigentes políticos, o culto a astros do entretenimento e do esporte.

Evidentemente, é grande a distância entre a submissão cega a tiranos sanguinários, o deixar se levar de olhos fechados por ideologias impiedosas ou por um chauvinismo agressivo e impregnado de ódio, e um culto infantil e entusiasta a astros e estrelas de todos os tipos. E, ainda assim, talvez haja um traço comum. Quem pratica esses cultos abdica de sua individualidade. Anseia por se mesclar, a ponto de se anular, com uma onda de fãs, e se unir totalmente às vivências e aos atos dos heróis de seu culto e seus feitos heroicos. Aqui e ali o fã em deleite se deixa envolver num sistema sofisticado de propaganda e lavagem cerebral, que visa intencionalmente ao lado infantil na alma das pessoas, tão ávido por se mesclar, por se arrastar de volta para algum útero morno, por ser novamente uma célula minúscula num corpo gigantesco, um corpo forte e protegido — a nação, a Igreja, o movimento, o partido, a torcida da seleção, o clã dos fãs: pertencer, amontoar-se numa imensa multidão sob as asas amplas do grande pai, do herói admirado, da mulher de beleza deslumbrante, do sábio brilhante, em cujas mãos os cultuadores depositam suas esperanças e seus sonhos, e até mesmo seu direito de pensar e julgar e de tomar posição.

A infantilização crescente de multidões no mundo inteiro não é casual. Há quem esteja interessado nela e há quem se aproveite dela, seja em busca de poder, seja em busca de dinheiro. Os que a disseminam, e os que financiam quem a dissemina, querem com todas as forças que voltemos todos a ser crianças pequenas e mimadas, porque crianças pequenas e mimadas são os consumidores mais suscetíveis à sedução.

Bem diante de nossos olhos vai se apagando a fronteira entre a política e a indústria do entretenimento. O mundo inteiro passa a ser um "jardim de infância global". As qualificações necessárias a um candidato para conseguir se eleger são quase opostas às necessárias para liderar e dirigir. Tanto a política como os meios de comunicação tornaram-se um ramo da indústria do entretenimento: como na Roma antiga, os meios de comunicação lançam diariamente aos leões duas ou três vítimas famosas, culpadas ou inocentes, para divertir as massas, desviar sua atenção e sugar seu dinheiro.

Nas eleições, círculos cada vez mais amplos votam em quem consegue emocioná-los ou diverti-los, em quem dá uma banana para as regras convencionais do jogo. Cada vez mais pessoas votam pelo "lance", pelo "irado", pelo "barato", ou pelo "hilário". A palavra "bizarro" é hoje um elogio entusiástico, assim como "chocante", "impactante", "sinistro", "de enlouquecer", e até mesmo "de morrer" ou "de matar".

Tudo isso parece ser, de ponta a ponta, diferente da seriedade sorumbática dos fanáticos que marcham em filas de três e de olhos fechados ao som dos tambores de um líder carismático. Mas esse contraste só existe na aparência: verdade que o fanático está sempre sério "de morrer", mas os que agem infantilmente em busca do "irado" e do "hilário" estão, como ele, pressurosamente abrindo mão do direito de usufruir do rico e variado cardápio de opções que a vida nos oferece, por isso se sentem saciados com uma pobre junk food que lhes é servida por quem está interessado em conquistar seus corações e se valer deles em benefício próprio. Esses que marcham em filas de três, sérios de morrer, e também os que se viciaram nos "lances" divertidos, tanto uns como outros abdicam facilmente da liberdade de pensar, de ponderar, de optar e até de conferir nuanças a sua opção.

Um dos sinais contundentes que identificam um fanático é sua aspiração ardente a mudar o outro, para que seja como ele. Convencê-lo imediatamente a trocar de religião. A abandonar seu mundo e passar a morar no mundo dele. O fanático não quer que haja diferenças entre as pessoas. Sua vontade é que sejamos todos "como um só homem". Que não haja cortinas fechadas no mundo, nem venezianas baixadas, nem portas trancadas. Nem sombra de uma vida privada, pois temos todos de ser um só corpo e uma só alma, temos todos de marchar juntos, em fileiras de três, por um caminho que leva à redenção (que pode ser esta aqui ou aquela outra, que lhe é oposta).

O fanático atua sem trégua para aprimorar e promover o outro, abrir seus olhos para que ele também possa ver a luz. Assim, desse ponto de vista é uma criatura admiravelmente altruísta, e nada egoísta: está muito mais interessado no outro do que nele mesmo. Dia e noite ele anseia por salvar sua alma, libertá-lo de suas correntes, tirá-lo da escuridão para a grande luz, redimi-lo de uma vez por todas do erro e do pecado. O fanático corre para abraçar o outro, recendendo uma mistura de ira santa com puro óleo de oliva, quase doente de tanta preocupação com o estado em que o outro se encontra, fervilhante de boa vontade para mudar seu jeito de rezar (ou de não rezar), seus costumes na hora de votar, ou de fumar, seus hábitos alimentares, suas preferências, todo o estilo de vida que o prejudica tanto. Tudo o que o fanático quer é tomar o outro em seus braços num abraço do qual não possa se livrar, e com ele se elevar agora mesmo deste lugar degradado ao qual ele está preso, ao lugar maravilhoso e elevado que já descobriu, e em cujas alturas está desde então, e para o qual o outro precisa — precisa mesmo — subir imediatamente. Para o próprio bem. E somente para o próprio bem.

Desde sempre e para sempre o fanático corre para agarrar o outro pelo pescoço para redimi-lo, porque gosta dele. O amor que sente pelo outro é incondicional.

Alternativamente, ele o pega pela garganta e o estrangula, porque , com certeza, com toda a certeza, sabe que o outro não é capaz de se redimir. É um caso perdido. Por isso, embora sinta muito, sua obrigação é odiá-lo e eliminá-lo do mundo (aliás, no aspecto topográfico, "agarrá-lo pelo pescoço" e "pegá-lo pela garganta" são ações que se parecem muito).

O motivo pelo qual o fanático está muito mais interessado no outro do que nele próprio é que geralmente não tem nenhum "próprio", ou quase nenhum. O fanático é um homem público em sua totalidade. Público até a medula dos ossos. Não tem vida privada. E, se tem, foge dela constantemente. Winston Churchill uma vez descreveu assim um fanático: "Um fanático é alguém que de modo algum muda de opinião e de modo algum permite que se mude de assunto".

Fanáticos religiosos e fanáticos ideológicos de todos os tipos cometem atos criminosos de terrível violência não só porque abominam os hereges, ou o Ocidente, ou os muçulmanos, ou os esquerdistas, ou os sionistas, ou os LGBTS. Eles são sanguinários sobretudo porque querem salvar o mundo imediatamente. Salvar até os hereges. Tirá-los dos abismos de sua heresia. Levar todos nós para o caminho do bem. Afastar-nos de uma vez por todas, ainda que a sangue e fogo, de nossos valores apodrecidos.

Para um muçulmano fanático, por exemplo, o materialismo nada mais é que um transtorno psíquico de massas. A permissividade é, para ele, uma manifestação animalesca. A verdadeira escravização a tudo quanto é gadget é tida por ele como uma distorção desprezível da alma. A libertação da mulher, o livre exercício de qualquer preferência sexual, o culto aos bens de consumo, o vício das drogas e da pornografia não só enfurecem muito a Deus como também destroem a vida dos cultuadores e viciados. A democracia podre, os difusores do pluralismo, a escandalosa liberdade de expressão não são, aos olhos de um muçulmano fanático e de muitos outros religiosos fanáticos, nada mais que tentações que Satã nos oferece para que transgridamos as regras divinas. Eles, os guerreiros fanáticos, foram enviados por Deus para purificar o mundo, para nos livrar de toda essa imundície que grudou em nós. Sua obrigação urgente é, antes de tudo, abrir os olhos dos "crentes moderados" que ousam se reconciliar com a realidade corrupta e com isso estão traindo Deus e a fé. Para um fanático muçulmano, assim como para outros fanáticos religiosos, o único remédio para todas as doenças fatais é a aceitação das leis religiosas em sua versão mais rigorosa e inflexível.

Além dos crentes extremados de uma religião, não são poucos os outros fanáticos, que aspiram igualmente a mudar com urgência a humanidade confusa para salvá-la de si mesma, e entre eles há também muitos grupos de "consertadores do mundo" radicais e de revolucionários violentos.

O fanático está convencido de que não basta desferir golpes sangrentos contra os "hereges" e os "pervertidos". Os golpes sangrentos não são mais do que uma etapa dolorosa porém necessária no processo de iluminar para todos o caminho para a fé única e exclusiva e para a salvação indispensável. Em resumo: o Estado Islâmico ama você com um amor profundo. A Al-Qaeda dedica-se totalmente a salvá-lo de sua degeneração moral. A Ku Klux Klan ou a Organização Lhb'h,* ou os brutamontes das colinas, arriscam a vida e até se sacrificam não por si mesmos, e sim por você. Em prol de sua redenção, a despeito de no momento seus olhos ainda estarem ofuscados e você ainda não ser capaz de compreender o que é bom para você. Eles foram enviados por Deus ou por uma Ideia para lhe atirar a corda da salvação. Se você se recusar a agarrar essa corda, eles serão obrigados a atingi-lo. Para o seu bem. Não há no mundo inteiro quem o ame com mais dedicação e mais ardor do que os fanáticos. Virá o dia em que seus olhos se abrirão, você verá a luz e será grato a eles por tudo. Nesse dia, você cairá de joelhos para agradecer a eles por tê-lo afastado de suas pútridas convicções, por tê-lo salvado de si mesmo, porque, para o fanático, ele é sempre o pai e você é sempre um filho rebelde ou um "bebê aprisionado", ou seja, alguém que não tem noção do que deve ou não deve fazer.

Mais de uma vez essa doença começa com sintomas quase ingênuos: não com cabeças decepadas, não com explosões de carros-bomba, não com casas incendiadas com a família em seu interior, mas exatamente em casa, na família:

* Lhb'h é a transcrição das iniciais em hebraico de *limniat hitbolelut beeretz hakodesh*, cuja tradução é "para evitar a assimilação na Terra Santa". Trata-se de uma organização que visa a impedir ou desfazer ligações amorosas ou casamentos de judeus israelenses com não judeus.

o fanatismo começa em casa. Suas primeiras e tênues manifestações, que todos conhecemos bem, se expressam na ânsia tão difundida de mudar um pouco as pessoas que amamos, para o bem delas. De, às vezes, sacrificar-se por elas, em especial quando estão totalmente cegas e não percebem o mal que estão fazendo a si mesmas dia após dia. "Seja como nós", "Aprenda comigo": palavras de uso cotidiano não raro carregam uma carga oculta de fanatismo.

O fanatismo às vezes surge de um desejo ardente de viver a própria vida por intermédio do modo de vida de outra pessoa: o modo de vida de um profeta, de um demiurgo, de um líder político ou de uma modelo famosa, de um artista aclamado, de um astro do esporte. Em casos extremos, esse desejo pode levar à disposição de se anular totalmente (ou anular os outros) para merecer a bênção e o reconhecimento de seus heróis.

Pode acontecer de esse ímpeto fanático voltar-se para um canal diferente: "Vamos nos sacrificar alegremente em prol do futuro de nossos filhos", "do futuro das próximas gerações", "para apressar a vinda do Messias", "para consertar o mundo", "para alegrar a Deus" ou "pela redenção total" (seja ela qual for).

A criança cujos pais "se sacrificaram por ela" está condenada a carregar por toda a vida o pesado ônus de sentimentos de culpa. Entre as duas mães da famosa anedota, a que grita com os filhos dizendo "Se você não acabar com o mingau eu mato você" e a que berra "Termine o café da manhã ou eu me mato" — muitos iriam preferir a primeira, que dos males representa o menor. O autossacrifício nem sempre expressa uma anulação do eu em prol do que é mais valioso do que o eu. E o autossacrifício pode ser uma arma cortante e afiada do fanático a servir como agressiva manipulação emocional.

E ainda mais: para quem está disposto a se sacrificar entusiasticamente, não será difícil sacrificar os outros.

Um renomado escritor israelense, Sami Michael, contou em certa ocasião o que aconteceu em uma longa viagem de automóvel que fez com um motorista profissional. No decorrer dessa viagem, o motorista explicou a Sami como e por que, para nós, judeus, era importante, até mesmo urgente, "matar todos os árabes!". Sami Michael ouviu educadamente o discurso do motorista e, em vez de se mostrar horrorizado, destratá-lo e expressar sua repulsa, fez-lhe uma pergunta ingênua: "E quem, na sua opinião, terá de matar todos os árabes?".

"Nós! Os judeus! Temos de fazer isso! Ou eles ou nós! Você não vê o que eles fazem conosco o tempo todo?"

"Mas quem, exatamente, terá de matar todos os árabes? O Exército? A polícia? Ou quem sabe os bombeiros? Ou médicos de avental branco, usando seringas?"

O motorista coçou a cabeça, ficou em silêncio, meditou sobre a pergunta e por fim respondeu: "Teremos de dividir a tarefa equitativamente. Todo homem judeu terá de matar uma cota de árabes".

Sami Michael não se deu por satisfeito: "Está certo. Digamos que você, como morador de Haifa, fosse encarregado de um prédio de apartamentos na cidade. Você vai de porta em porta, toca a campainha e pergunta educadamente aos moradores: 'Desculpem, vocês por acaso são árabes?'. E, se a resposta for sim, começa a atirar e os mata. Depois que acabou de matar todos os árabes do prédio, você sai e começa a voltar para casa, e então, antes de ter se afastado, ouve o choro de um bebê no segundo andar. O que vai fazer? Vai se virar e voltar? Vai subir a escada e atirar no bebê? Sim ou não?".

Seguiu-se um longo silêncio. O motorista estava refletindo. Por fim, ele responde a seu passageiro: "Ouça, meu senhor, o senhor é um homem muito cruel!".

Essa história revela um pouco da confusão que existe na alma do fanático: uma mistura de irredutibilidade com sentimentalismo e falta de imaginação. Sami Michael, com a ajuda de um bebê, obrigou o fanático que estava ao volante a acionar sua imaginação e com isso fez vibrar em sua alma a corda sentimental. O motorista que gostava de bebês ficou confuso, ofendido e com raiva do passageiro que o obrigou a concretizar numa cena terrível o mote abstrato "morte aos árabes!". E é exatamente na raiva do motorista que se esconde, talvez, uma pequena centelha de esperança, mesmo que parcial e minúscula: quando o fanático é obrigado a materializar para si mesmo a realização do mote, imaginar os detalhes da atrocidade e se ver no papel de um assassino de bebês, talvez às vezes — somente às vezes — fique embaraçado e confuso. Uma leve hesitação. Uma pequena brecha surge de repente no muro da irredutibilidade fanática.

Não se trata, é claro, de um remédio milagroso. E, ainda assim, talvez, de vez em quando, o despertar da imaginação, a obrigação de contemplar de uma distância muito curta o sofrimento das vítimas, consiga, quem sabe, ser um anticorpo que combata a crueldade abstrata de lemas como "morte aos árabes!", "morte aos judeus!" ou mesmo "morte aos fanáticos!". Matar todos os árabes é muito mais simples do que matar um só bebê árabe, faminto, que abraça suas pernas e lhe pede chorando que lhe dê água porque sua boca está terrivelmente seca.

Curiosidade e força de imaginação. Esses dois fatores talvez nos sirvam como uma vacina parcial contra o fanatismo. A história de Sami Michael, que aparentemente conseguiu constranger e confundir por um momento o motorista que defendia o assassinato de todos os árabes, demonstra que para o fanático não é confortável imaginar os detalhes da ação que se está propondo ardentemente realizar. Ele se sente confortável com o mote, com o cabeçalho, se não tiver de traduzi-los em gritos, súplicas, estertores na agonia da morte, poças de sangue, cérebros espalhados na calçada. É verdade que existem no mundo não poucos sádicos cujos instintos se excitam com imagens em close-up de atrocidades e de membros estraçalhados, mas a maioria dos fanáticos não é assim considerada por serem sádicos, e sim porque são motivados por todo tipo de ideais elevados, todo tipo de anseios de redenção e de conserto do mundo, pelos quais "são obrigados a se livrar dos maus".

Quem sabe a mão de pelo menos alguns fanáticos trema no momento em que seu lema "é preciso aniquilar todos os maus" se traduzir numa descrição de sofrimentos concretos, sofrimentos terríveis de machucar o coração? Pelo menos a mão daqueles que não sejam sádicos doentios?

Imaginar o mundo interior, das ideias e dos sentimentos do outro: imaginá-lo inclusive quando há litígio. Imaginá-lo também — e principalmente — nos momentos em que se avolumam em nós aquela mistura ardente de raiva, ofensa, aversão, convencimento da própria razão e a certeza pungente de que fomos vítimas de injustiça e de que a justiça está do nosso lado. E, além disso, perguntar de vez em quando: "E se eu fosse ela? Ou ele? Ou eles?". Calçar por um momento os sapatos do próximo, até mesmo entrar na pele dele não para atravessar um rio, para "nascer de novo", e sim, apenas, para compreender e sentir o que existe lá, de verdade: o que é que existe do outro lado do rio? O que eles têm na cabeça? O que sentem e como? E como nós somos vistos de lá? (E com isso tentar esclarecer igualmente qual é a profundidade desse rio que nos separa? Qual é a largura? Como e onde seria possível construir uma ponte sobre ele?) Essa curiosidade não nos levará necessariamente a concluir que existe uma relatividade moral que varre tudo, nem a uma anulação de si mesmo em benefício da identidade do próximo. Ela pode nos levar à descoberta espetacular de que existem muitos rios e de que de cada uma de suas margens se divisa uma paisagem diferente, excitante e surpreendente, paisagens que são excitantes mesmo que não sirvam para nós, paisagens surpreendentes que não nos atraem. Talvez realmente esteja embutida na curiosidade uma possibilidade de abertura e de tolerância.

Curiosidade e imaginação estão ligadas: o ancestral impulso humano de espiar por trás das persianas abaixadas do outro, o fervor de comparar meus segredos pessoais e íntimos com os segredos íntimos dos outros, esse impulso pode, ele também, ser um anticorpo contra a paixão do fanático de aniquilar a diferença entre ele e seu próximo, para que o próximo seja exatamente como ele. Ou de matar todo aquele que se recuse a mudar e a ser exatamente como ele.

Parece que a literatura e a fofoca são da mesma geração

(apesar de a literatura geralmente se negar a cumprimentar a fofoca na rua porque tem vergonha da proximidade familiar entre elas). Os curiosos e os que têm imaginação querem sempre saber "como são as coisas para os outros". Essa vontade pode ser satisfeita de modo superficial e banal por meio da fofoca, ou de modo mais delicado e complexo por meio da arte. Tanto a fofoca como a literatura, cada uma a seu modo, talvez sejam capazes de sugerir um anticorpo parcial ao fanatismo, já que ambas gostam dessa excitante diferença que existe entre uma pessoa e outra.

Além da curiosidade e da imaginação, o humor pode se constituir num anticorpo eficaz contra o fanatismo. E, principalmente, o humor aplicado a si mesmo, a disposição de zombar de si próprio.

Assim escreve Nathan Alterman em seu poema *Shivchei kalut hadaat* ["Louvores à leviandade"]:

Lá está um tempero melhor do que sal
A zombar com finura de nossa honra real

A fazer caducar o discurso triunfal
Se antes não atacá-lo um feroz animal
*É a semente de um sorriso que respira, como que vivo**

* No original: "*Sham matsui hatavlin hanifla mini melach/ Haliglug hdakdak al kvodenu, bnei melech// Diburenu haram hen iaabed alav kelach/ Im hanetz no ienatz bó, bein pelach lefelach/ Zé gar'in hachiuch hanoshem kemó chai*".

Na continuação desse mesmo poema, Nathan Alterman dirige-se à leviandade:

Os tormentos que você causa, veja, são como nada
Comparados com o que faz, onde quer que pise
*A eterna seriedade do idiota e do ingênuo**

Eu nunca deparei com fanáticos que tivessem senso de humor. Nunca vi alguém que fosse capaz de se divertir à própria custa tornar-se um fanático (embora agudeza, sarcasmo e língua ferina sejam atributos de muitos fanáticos. Mas não senso de humor, muito menos em relação a si mesmo). O humor traz consigo um viés que permite enxergar, ao menos por um instante, coisas já conhecidas sob uma luz totalmente nova. Ou ver a si mesmo, ao menos por um instante, como os outros o veem. Esse viés nos convida a esvaziar o excesso de importância que se atribui a algo, principalmente a nós mesmos. Mais ainda: o humor geralmente implica uma medida de relativismo, de "rebaixar o sublime" (e não raro esse rebaixamento é feito com exagero desmedido). Mesmo que você seja muito maravilhoso e totalmente justo e puro como a neve — é bom que em algum momento

* No original: "*Hatsarot shecholelet at keefes/ Nochach má sheossé, al kol shaal vetsaad/ Netsach koved rosham shel haksil vehatam*".

desponte, por um instante que seja, algum pequeno demônio, um demoniozinho palhaço que dê uma piscadela e zombe da sua justiça absoluta e da magnífica pureza e da santidade e do que está acima de qualquer dúvida, e tripudie sobre essa importância e essa celebração que transbordam de suas margens.

Se descobríssemos uma maneira de concentrar o humor — principalmente o humor em relação a nós mesmos — em pílulas ou em cápsulas e de distribuí-las por toda a parte para vacinar populações inteiras contra o surto do fanatismo, quem sabe não mereceríamos, por isso, o prêmio Nobel de medicina?

Mas veja como é fácil cair na própria armadilha: a ideia de enfiar o humor em pílulas e fazer com que muitas pessoas as engulam, em seu benefício, para o próprio bem, para curá-las — essa ideia em si mesma está quase nas fronteiras do fanatismo. Pois essas pílulas de humor têm como base a premissa de que existe alguém que sabe o que realmente é bom para os seres humanos e a quem cabe a obrigação urgente de abrir os olhos de todos, e também de lhes abrir a garganta para que engulam o remédio que está prescrevendo para eles.

O fanatismo é, portanto, uma doença contagiosa. Pode-se contraí-la quando se luta para curar outras pessoas que a pegaram. No mundo, não são poucos os fanáticos antifanáticos: todo tipo de cruzada para a contenção da jihad, todo tipo de jihad para submeter os novos cruzados. Por exemplo, o clamor tão popular em Israel e no Ocidente nos dias de hoje para eliminar definitivamente, num golpe esmagador, todos esses fanáticos sanguinários e todos que a eles se assemelham. Extinguir definitivamente todos os redutos do fanatismo.

Talvez o único fator capaz de conter o fortalecimento do Islã radical seja exatamente o Islã moderado. Mas isso inclui os radicais sanguinários de outras religiões e de outras crenças. Não se pode permitir que os fanáticos violentos nos façam esquecer o simples fato de que a maioria absoluta dos seguidores de religiões no mundo, muçulmanos e outros, pratica em sua vida cotidiana uma religiosidade moderada que rejeita a violência e o assassinato.

Como todos os tipos de fanatismo, o Islã violento não consiste apenas num bando de fanáticos sádicos e sedentos de sangue. Em seu fundamento reside uma ideia: uma ideia amarga e desesperada, uma ideia distorcida. Assim mesmo, é bom lembrar que quase nunca se consegue derrotar uma ideia, ainda que distorcida, usando apenas uma grande marreta. É necessário ter uma resposta; uma ideia contrária, uma crença mais atraente, uma promessa mais convincente. Não me oponho absolutamente ao uso de uma grande marreta contra assassinos. Não sou pacifista, não acredito em oferecer a outra face e não compartilho a noção tão difundida de que a violência é o mal absoluto. A meu ver, o mal mais extremo não é a violência em si, e sim a agressão. A agressão é a "mãe de todas as violências". A violência é a consubstanciação da agressão. Muitas vezes, entretanto, é preciso conter a agressão usando uma grande marreta. Contanto que essa marreta venha acompanhada de uma ideia atraente e convincente. Sem ela, aparecerão fanáticos de todo tipo e preencherão essa lacuna.

O fanático é um ponto de exclamação ambulante. É desejável que a luta contra o fanatismo não se expresse como outro ponto de exclamação a enfrentar o primeiro. Enfrentar o fanatismo não significa eliminar todos os fanáticos, e sim, talvez, lidar cuidadosamente com o pequeno fanático que de alguma maneira se esconde na alma de muitos de nós; isso também quer dizer rir um pouco dos nossos pontos de exclamação. Também quer dizer ficar curioso de espiar de vez em quando não só pela janela do vizinho, mas principalmente como a realidade se apresenta *da* janela do vizinho, realidade que certamente é diferente da que você vê da sua janela.

O fanático, por sua vez, detesta "situações em aberto". Talvez nem mesmo saiba que elas existem. Ele tem sempre a necessidade premente de saber o que está "na linha debaixo"; qual é a conclusão inevitável, quando finalmente vamos "fechar o círculo".

No entanto a história, inclusive a história particular de cada um de nós, geralmente não é um círculo, mas uma linha; uma linha sinuosa, cheia de recuos e de curvas, que ora retrocede e se cruza com ela mesma, ora desenha loops, mas, ainda assim, é uma linha aberta e não um círculo. A vacinação contra o fanatismo envolve também a prontidão para estar em situações abertas, que não terminam com o fechamento de um círculo, com uma conclusão inequívoca, ou para viver com perguntas e respostas alternativas cuja resolução se oculta muito além de horizontes nebulosos.

Quando eu era criança, minha avó Shlomit me explicou a diferença entre um judeu e um cristão: "Os cristãos", disse vovó, "acreditam que o Messias já esteve aqui uma vez e que um dia ele voltará para nós. Nós, judeus", ela disse, "acreditamos que o Messias ainda não veio, mas que virá um dia. Essa discordância", observou ela elevando a voz, "trouxe ao mundo ódio e raiva, perseguição aos judeus, Inquisição, pogroms, assassinato em massa. E por quê?", ela perguntou. "Por que não entramos num acordo, todos nós, judeus e cristãos, de simplesmente esperar com paciência para ver o que vai acontecer? Se o Messias chegar um dia e disser: 'Há quanto tempo não nos vemos, estou tão contente de encontrá-los novamente', os judeus terão de reconhecer seu erro. Mas, se o Messias disser quando chegar: '*How do you do*, é um prazer conhecê-los', o mundo cristão terá de pedir desculpas aos judeus. Até lá", ela concluiu, "até a vinda do Messias, por que não vivemos e deixamos os outros viverem?".

Ou seja, vovó Shlomit estava vacinada contra alguns tipos de fanatismo. Ela sabia o segredo de existir numa situação em aberto, e talvez conhecesse o encanto que há nesse tipo de situação, ou o prazer que há na diversidade, e a riqueza que nos reserva uma vida vivida na vizinhança de pessoas diferentes de nós, com crenças diferentes das nossas e costumes distintos.

O fanatismo, como já foi dito, começa em casa. Talvez se encontrem em casa também os anticorpos contra ele. O poeta John Donne nos deixou como legado este verso maravilhoso: "Nenhum homem é uma ilha". A isso eu ouso acrescentar: "Nenhum homem é uma ilha, mas cada um de nós é uma península". Somos todos parcialmente ligados ao continente, que é a família, a nossa língua, a sociedade, a arte e as ideias, o Estado e a nação etc., e a outra parte de cada um de nós está de costas para tudo isso e olha para o mar, para as montanhas, para os elementos eternos, os desejos secretos, a solidão, os sonhos, os temores, e a morte.

É melhor continuarmos a ser penínsulas. Isso, pelo visto, é o que nos fará bem. No mundo existem religiões, movimentos ideológicos e políticos, que nos empurram a nos mesclarmos totalmente com um coletivo, abrindo mão de sermos uma península, para nos tornarmos não mais do que uma pequena partícula, uma molécula de um corpo que pode ser uma nação, uma crença, um movimento. Por outro lado, forças não menos poderosas nos empurram a viver uma vida de ilha isolada, de existir em cada minuto de todos os dias de nossa vida numa situação de guerra darwinista permanente contra todas as outras ilhas isoladas, porque o outro, assim nos dizem, o outro é sempre um competidor, sempre um adversário, até mesmo um inimigo: o que ele tiver, você não terá. Se você tiver, ele não terá.

Ser península talvez seja o que mais nos convém. Apesar do maior desejo de todo tipo de fanático, que é derreter o outro até que se funda totalmente com o corpo da nação, da crença, ou do movimento, até que não lhe reste uma única partícula própria, até que esteja mobilizado sem nenhuma restrição em prol da missão sagrada. E, também, a despeito dos esforços de outros fanáticos, que tentam fazer nossa cabeça, temendo que, se não formos beligerantes o tempo todo, agressivos o tempo todo, egoístas o tempo todo, se não tomarmos tudo pela força, ficaremos enfraquecidos e perdidos, e logo virão os fortes e tirarão de nós tudo o que é nosso.

Toda casa, toda família, toda agremiação, toda sociedade, todo Estado, toda ligação entre pessoas, inclusive a ligação de um casal, e a ligação parental, talvez só devam existir como um encontro de penínsulas. Estar perto um do outro, às vezes bem perto, mas sem se apagar. Sem se assimilar. Sem anular a individualidade.

É claro que todos queremos, uns mais, outros menos, influenciar os que nos são próximos, às vezes queremos influenciar até os que nos são distantes, não há mal algum nisso, com a condição de que nos lembremos sempre: influenciar, mas não tentar fundir. Influenciar, mas sem tentar moldar o outro em nossa fôrma até que deixe de ser o outro e se torne uma cópia ou um satélite.

O grande poeta israelense Iehuda Amichai escreveu:

Do lugar no qual temos razão
jamais nascerão
flores na primavera.
O lugar no qual temos razão
é duro e pisoteado
*como um quintal.**

* No original: "*Min hamakom shebó anu tsodkim/ ló itsmechu leolam/ prachim baaviv./ Hamakom shebó anu tsodkim/ hu kashé veramus/ kemó chatser*".

Luzes e não [uma só] luz[1]

Pelas almas de meus amigos S. Izhar e Menachem Brinker

Eis aqui algumas ideias sobre o judaísmo como cultura e não apenas como religião, ou como nacionalidade. Para ser preciso, são as ideias certas para distinguir aquilo cujo

1. Este ensaio tem como base o livro *Os judeus e as palavras* (São Paulo: Companhia das Letras, 2015), escrito por minha filha, professora Fania Oz-Salzberger, com minha participação. Também se baseia na palestra "Carroça cheia e carroça vazia", que proferi há muitos anos na Universidade Bar-Ilan, cuja versão resumida foi publicada em meu livro *Kol hatikvot* [Todas as esperanças] (Keter, Jerusalém, 1998). Apoia-se, ainda, em uma palestra que ministrei durante uma comemoração de Shavuot [Pentecostes] na residência da família Shenhav, em Tel Aviv, 2016.

tempo já passou do que ainda está em vigor, e até distinguir o que é um culto do que é uma herança por nós amada. Existe realmente uma nação judaica, mas ela se distingue de muitas outras nações pelo fato de que o percurso de sua vida não se pontua por seus genes nem por vitórias no campo de batalha, e sim por livros.

Nesta época atual, quando há quem nos diga que toda moral é relativa e que o que é correto na Europa não vale para a África, e o que é moral no Sul não é moral no Ocidente ou no Oriente, eu às vezes me pego pensando no simples fato de que não há no mundo quem não saiba o que é a dor. Nem todas as dores se parecem, mas não há pessoa normal que não saiba que está causando dor, quando está causando dor a seu próximo.

Jesus Cristo disse a seus discípulos: "Perdoa-lhes, porque eles não sabem o que fazem". Eu discordo de Jesus, não quanto ao "perdoa-lhes", pois é possível perdoar; eu discordo exatamente do "eles não sabem o que fazem". Jesus com frequência atribui a toda a humanidade uma condição de infantilidade moral, de quem pratica o mal só porque não sabe que o que está fazendo é mau. Trata-se de um engano, e é enganador: quando causamos dor a outra pessoa, ou a um animal, sabemos muito bem o que estamos fazendo. Até mesmo uma criança pequena. A dor é, pelo visto, o denominador comum mais amplo de todo o gênero humano. Quem nunca a experimentou? E talvez ela seja o denominador comum de tudo o que é vivo no mundo.

A dor é uma grande democrata. Talvez um pouco socialista também: não distingue ricos de pobres, fortes de fracos, celebridades de anônimos, judeus de cristãos, negros de brancos, governantes de governados. Há aqueles cuja dor é amenizada por circunstâncias atenuantes e aqueles que não desfrutam desse privilégio; assim mesmo a dor é, pelo visto, a mais vasta experiência comum a todos nós. Disso eu derivo um simples mandamento moral: "Não causarás dor". Sei que esse mandamento não é suficiente. Ainda vamos falar de justiça e caridade, retidão e compaixão, sobre pluralismo e muito mais. É difícil achar dois judeus que concordem entre si quanto ao que é mais importante; na verdade, talvez seja difícil achar um judeu que concorde consigo mesmo quanto ao que é prioritário, o que está subordinado a quê, como se devem hierarquizar esses valores, e quem está autorizado a fazê-lo. Alguns dos debates mais candentes que o povo de Israel conheceu no passado e no presente provêm de discordâncias quanto à priorização de valores.

Não é por acaso que os judeus não têm um papa, e nem poderiam ter um. Se surgir alguém que se proclame o papa (ou a papisa) dos judeus — cada um de nós vai se aproximar, dar um tapinha nas costas do papa judeu e lhe dizer: "Hei, *pop*, você não me conhece, eu não o conheço, mas minha avó e sua tia costumavam fazer negócios em Minsk, ou em Casablanca, por isso agora, por favor, fique quieto aí por cinco minutos, só cinco minutos, e eu vou lhe explicar de uma vez por todas o que Deus realmente quer de nós".

Em cada um de nós se esconde um pequeno guia, um "professor do caminho". Somos um povo de professores. Todos nós gostamos de ensinar, abrir os olhos dos outros, discordar um do outro, lançar uma luz nova, dizer o contrário, ou pelo menos interpretar tudo de maneira diferente. Um clima de discordância é muitas vezes o clima certo para uma vida de criação e renovação espiritual.

Nos bons tempos, a civilização do povo de Israel era uma civilização de dúvidas e de opiniões diferentes. Durante milhares de anos, os judeus acumularam camadas sobre camadas de textos relacionados a textos que os antecediam, estes também relacionados a textos anteriores. "Relacionar-se" nem sempre significou apenas acrescentar mais uma camada de interpretações, ou erigir mais um andar naquele verdadeiro edifício; repetidamente o novo texto fazia objeção ao anterior, lançava sobre ele uma luz nova, ou sugeria uma mudança, uma melhora e até sua substituição.

A história da cultura de Israel é uma espécie de um jogo antigo de interpretação, reinterpretação, contrainterpretação. Bem, nem sempre. Não nas épocas de cultos santificados, de obediência cega e de repetição mecânica, e sim em tempos de criação, nos quais os judeus não paravam de discordar uns dos outros. Em tempos assim, destaca-se na cultura de Israel uma espécie de gene anarquista vivo e fervilhante de discussão permanente e tempestuosa. Como se decide um debate? Dizem as escrituras: *Acharei rabim leha-*

tot, "seguindo a maioria". Essas três palavras, com o acréscimo de mais algumas — *Chaviv adam shenivra betselem*, "Feliz é o homem, que foi criado à imagem [de Deus]" —, constituem uma ponte de ferro entre o judaísmo e a democracia. "Seguir a maioria" não porque a justiça esteja sempre com a maioria — muitas vezes a maioria erra, ou peca —, mas porque não há alternativa para uma decisão da maioria, contanto que essa decisão não implique opressão ou silenciamento da minoria.*

Quando um menino, em seu bar mitsvá, "sobe" para a Torá [isto é, sobe ao palco ou estrado onde está a Torá para acompanhar sua leitura ou para lê-la], não lhe perguntam "O que você aprendeu hoje, meu querido?". Não lhe pedem que declame, repetindo o que ouviu dos professores ou leu nos livros. Pelo contrário: exigem dele que diga alguma coisa nova. Ou seja, que traga algo original. Seu. Nem que seja uma pequena interpretação, lateral, marginal, mas algo que expresse uma ideia que ele mesmo desenvolveu a respeito dos textos que estudou. Da mesma forma o noivo, no dia de seu casamento, sob o pálio nupcial, era instado a "dizer algo novo" na sinagoga. Pelo visto, esse é o cerne criativo da cultura de Israel em suas gerações, à exceção de períodos nos quais essa cultura tende a se petrificar.

* Ou seja, o mandamento original de "seguir a maioria" tem uma interpretação restrita, mas, como é comum na cultura de Israel, pode-se e deve-se extrair da interpretação restrita a inspiração para uma interpretação mais ampla.

Os judeus não construíram pirâmides, não ergueram catedrais majestosas, não construíram a Muralha da China nem o Taj Mahal. Criaram textos e os liam juntos em família, em refeições festivas e também nas refeições do dia a dia.

Trava-se um debate caloroso entre sábios sobre a questão de quão grande, ou talvez quão pequena, era Jerusalém, a capital de Davi e de Salomão. Para uns, era uma "grande cidade de rei" e, para outros, não passava de uma aldeia longínqua. Existe até mesmo um grupo de sábios segundo os quais nunca houve uma Jerusalém de Davi e Salomão, que se tratava de uma fábula. É uma discussão excitante e tempestuosa, mas talvez menos importante do que possa parecer para muitos de nós. A Jerusalém na cultura de Israel e também na percepção do mundo não consiste em construções de pedra talhada; ela é, antes de tudo, a cidade dos profetas, a cidade dos contadores de histórias e visionários que mudaram os fundamentos da moral, a cidade dos Salmos, do Eclesiastes, do Cântico dos Cânticos.

Há uma história muito antiga que o querido professor Mordechai Michaeli, de abençoada memória, nos contava, quando eu estudava na escola religiosa para meninos Tachkemoni, em Jerusalém. Era sobre um velho pai que instrui seu filho. Se você está querendo se proteger da chuva e do vento, arme uma barraca ou construa uma cabana. Se quiser um lugar para morar durante toda a sua vida, construa uma casa de pedra. Se estiver pensando em seus filhos e em seus netos, construa uma cidade cercada por uma muralha. Mas, se quiser construir para as próximas gerações, escreva um livro. Essa história talvez seja nossa carteira de identidade: livros e refeições em família. Livros e histórias que o pai e a mãe leem acompanhados de seus filhos em torno da mesa na comemoração de uma festa judaica.

Na verdade, nossas festas são muito parecidas umas com as outras: "Os malvados tentaram matar todos nós, mas não conseguiram; então vamos sentar e comer". "Um faraó chegou, um faraó foi embora, bom apetite." No Purim brigamos com os persas, no Pessach com os egípcios, no Lag Baomer com os romanos, no Dia da Independência com os ingleses e com os árabes, no Nove de Av com os babilônios e com os romanos, no Chanuká com os gregos. Bem, em Tu Bishevat [Festa das Árvores] não brigamos com ninguém, porém quase sempre chove durante essa celebração. De toda a destruição e extermínio que essas guerras nos causaram, o que nos restou foram os livros, a memória, as canções e as lendas.

Qual é então o cerne mais íntimo do judaísmo? Qual é a partícula mais profunda e mais significativa do legado de Israel? Talvez essa partícula tenha sido encontrada quando se descobriu um pequeno fragmento de cerâmica no sítio arqueológico de Chirbat Kiafa, perto de Beit Shemesh. Segundo o professor Gershon Galil, da Universidade de Haifa, que decifrou a inscrição,[2] nela está escrito: "Não ajam assim e cultuem o Senhor. Sejam justos com o escravo e a viúva. Julguem o órfão e o estrangeiro. Incluam o bebê, incluam o pobre e a viúva. Vinguem o rei pobre e o escravo [da cidade] de Sucho. Apoiem o estrangeiro". Quem quer que na infância tenha estudado a Bíblia hebraica, com amor, e não como lavagem cerebral, fica muito emocionado ao ler essa inscrição, que antecede em muitos séculos as palavras de admoestação dos profetas de Israel. A ideia que nela se apresenta aparece repetidas vezes na Torá [o Pentateuco], nas palavras dos profetas, no legado de Israel em todas as gerações. Mas essa inscrição em hebraico é a mais antiga de todas. Mais antiga que a sabedoria grega antiga. Mais antiga que Roma em todo o seu esplendor. Minha filha, Fania Oz-Salzberger, vê nesse pedaço de cerâmica uma mensagem, um SMS que foi enviado do século X AEC para nós, que vivemos no século XXI. Essa mensagem, escrita em puro hebraico de 3 mil anos atrás, contém um mandamento moral e legal nascido numa cultura que exige justiça para os fracos e os destituídos.

Os sábios com certeza continuarão a discutir se Chirbat Kiafa é de fato a cidade de Shaaraim ou de Netaim. O rei Davi realmente se hospedou no palacete descoberto nas es-

2. Há quem discorde dessa interpretação.

cavações ou foi outra pessoa importante que o fez? Era de lá que nossos antepassados controlavam todo aquele vale? Os reinos de Davi e de Salomão finalmente dispõem de uma prova arqueológica irrefutável?

Todas essas questões são excitantes, mas talvez as mais importantes sejam as da viúva, do órfão, do estrangeiro, do bebê, do pobre e do miserável. É, na verdade, um inventário meticuloso no qual se incluem quase todos os tipos de oprimidos que a sociedade antiga conheceu. Todos eles conseguiram se comprimir nesse pequeno pedaço de cerâmica com dezesseis centímetros de largura e chegar até nós agora. Talvez para demonstrar que o protesto social já tinha surgido aqui 3 mil anos atrás. O predomínio da lei surgiu aqui ainda antes da época do rei Davi. Ainda antes de termos um rei. Há uma diferença enorme entre esse conceito em hebraico e as leis de Hamurábi e as leis de outros reis, impostas pelo rei a seus súditos, que sempre obedeciam com submissão. A antiga lei hebraica não exige apenas submissão a deuses e obediência a reis. Ela se destina principalmente a proteger o pobre, o estrangeiro, o indefeso. Já então "*tsedek tsedek shaafnu lirdof*" [nossa aspiração era obter justiça]; "*ló takiru panim bamishpat, kekaton kegadol tishmeun, ló taguru mipnei ish*" [não se privilegiará ninguém no julgamento, nem grandes nem pequenos, não se deve temer ninguém]. Ou seja, um julgamento não se destinava a reforçar o poder de governantes e de magnatas.

* * *

Mais de 3 mil anos atrás já existia aqui uma cultura que se dispunha a processar os poderosos por afrontarem os fracos. Ela exigia não só assistência social e caridade, como também justiça. (Em hebraico, as duas palavras que exprimem esses dois conceitos são muito próximas, *tsedaká* (צדקה) e *tsedek* (צדק), o que não acontece em outras línguas.) E não se exigia essa justiça apenas dos governantes, mas de todo ser humano.

Quem somos nós? A resposta com a qual eu mais simpatizo é a que está naquele pequeno fragmento de cerâmica. E se alguém propusesse substituir essa inscrição por uma fórmula mais solene, mais nacional, mais instrumental em nosso conflito sobre a questão de a quem pertence esta terra, se trocássemos esse pedacinho de cerâmica por um grafite na parede dessa ruína arqueológica, com a caligrafia de Davi, dizendo: "Eu, o rei Davi ben Ishai, pernoitei aqui"?

Não.

Outros judeus identificam o cerne do judaísmo em algo completamente diferente. Há judeus que o encontram nas 613 *mitsvot* [os mandamentos explícitos mencionados no

Pentateuco que indicam o que os judeus devem fazer e o que é proibido fazer em todos os aspectos da vida] ou nas orações judaicas, ou na erudição, ou em túmulos sagrados, ou nos mistérios da Cabala judaica ou em todo tipo de assombros, milagres e maravilhas, ou talvez no monte do Templo e na possibilidade de retomar o costume de sacrificar animais. Todas essas ideias estão muito fundamentadas em textos antigos. Algumas dessas abordagens me são próximas, outras são distantes, algumas considero abomináveis, assim como existem judeus para os quais minha posição é abominável, entre outras razões, porque me recuso a aceitar a autoridade de rabinos, de grandes mestres da religião, de santos e de mestres do ensino para os quais, e para cujos seguidores, não há a menor dúvida de que eles sempre sabem com exatidão qual é a vontade de Deus.

Novamente: não é por acaso que não temos, nem podemos, ter um papa, e que nunca tivemos um.

Houve, e ainda há, os "gigantes da geração", contudo quase sempre há mais do que um "gigante da geração", e quase sempre eles discordam entre si.

Entre nós há discussões veementes sobre democracia. O que é democracia? O que é tão bom na democracia? Será que democracia só pode existir em detrimento do judaísmo, ou o judaísmo em detrimento da democracia? Como conciliá-los com o legado de Israel?

A democracia moderna deriva do humanismo. Não há

contradição entre judaísmo e humanismo. Em *Avot d'rabi Nathan*, suplemento à *Ética dos pais*, capítulo 31, o rabi Nehemia formula em sete maravilhosas palavras em hebraico o cerne do conceito de humanismo: *Adam echad shakul kenegued kol maassei Bereshit*: "Um único homem vale todos os atos da Criação". (Note bem: "Um único homem", diz o rabi Nehemia; ele não diz "Um único homem de Israel". Mas houve e ainda há no judaísmo vozes que afirmam algo completamente diferente, entre elas vozes dominadas pela arrogância e pelo ódio a estranhos.) O humanismo também está ligado ao pluralismo, isto é, ao reconhecimento de um direito igual para todos os seres humanos de serem diferentes uns dos outros e de cada indivíduo isolado se equiparar a um mundo inteiro, cuja existência merece respeito. Assim como eu, em meu íntimo, resumo todos os mandamentos em um só — "Não causarás dor" —, da mesma forma às vezes estou disposto a resumir o humanismo e o pluralismo em uma fórmula única e simples: o reconhecimento do direito igual de todos os seres humanos de serem diferentes uns dos outros.

Há quem fique repetindo dia e noite que "nossa força está em nossa união". Sim, nossa força reside em estarmos todos unidos em nosso direito de sermos diferentes uns dos outros. A diferença não é um mal passageiro; ela é uma fonte do bem. Controvérsia não é uma situação de fraqueza preocupante, e sim um clima positivo para o florescimento de uma vida criativa. Somos diferentes uns dos outros não porque alguns de nós ainda não enxergam a luz, mas porque o que existe no mundo são luzes, e não uma só luz. Crenças e ideias, e não uma crença e uma ideia.

Desde nossa infância nos contam que a queda dos estados de Israel anteriores se deveu a controvérsias internas, que eles foram destruídos "por um ódio injustificado" (a história da Kamsa e Bar-Kamsa, entre outras). Ultimamente não falta quem nos pregue que basta nos livrarmos finalmente das divergências existentes entre nós e nos unirmos como um só homem — e com certeza venceremos o mundo inteiro. Mas a verdade é que a revolta contra os romanos, que levou à destruição do segundo Templo, bem como a guerra contra a Babilônia, que acarretou o desmoronamento do primeiro, fracassaram não em virtude de uma "briga entre irmãos", nem de um "ódio não justificado" entre judeus, e sim por culpa de um fanatismo nacional e religioso, por culpa da loucura megalomaníaca de líderes e liderados que perderam totalmente o senso da realidade. Mesmo que os judeus que viveram na época do primeiro e do segundo Templo amassem uns aos outros, com um amor ainda maior que o de Davi e Jônatas, mesmo que se unissem todos como um bloco compacto de cimento ou de aço, ainda assim Babilônia e Roma teriam esmagado sem dificuldade esse povo pequeno e atrevido que preferiu bater com a cabeça na parede.

Não, a destruição dos templos não resultou absolutamente do "ódio não justificado". As destruições do passado foram provocadas por fanáticos, que perderam o senso de medida e o da realidade e arrastaram o povo de Israel para um confronto catastrófico com forças muitas vezes superiores às suas. Eles confiaram com uma certeza sonâmbula que Deus teria a obrigação de intervir no último momento para afogar o faraó com todas as suas carruagens. Um perigo semelhante aguarda o Estado de Israel contemporâneo, se os fanáticos de hoje continuarem a bater com nossa cabeça na parede.

O povo de Israel não gosta de obedecer. Nunca gostou de obedecer. Moisés poderia lhes contar que o povo de Israel não está acostumado a obedecer. Os profetas podem dar seu testemunho a esse respeito. Até mesmo Deus reclama, ao longo de toda a Bíblia hebraica, que o povo de Israel é indisciplinado. O povo discute com Moisés, Moisés discute com Deus. Moisés chega a apresentar uma carta de demissão. Por fim ele desiste de se demitir, mas só depois de uma negociação, só depois que Deus cede e aceita suas principais reivindicações (Êxodo 32,31-33).

Abraão, o antigo patriarca, discute com Deus sobre o destino de Sodoma quase como se fosse um vendedor de carros usados. Cinquenta justos? Quarenta justos? Trinta?

Vinte? Quem sabe dez não bastam? E, quando fica claro que não há em Sodoma nem mesmo dez justos, ele não cai de joelhos e implora a Deus que o perdoe por seu atrevimento. Ao contrário. Abraão olha para o céu e pronuncia as palavras que talvez sejam as mais ousadas em toda a Bíblia, se não as mais ousadas em todas as religiões que jamais existiram: "Não agirá com justiça o Juiz de toda a Terra?". Em outras palavras: você é realmente o juiz de toda a Terra, mas não está acima da lei. Você é realmente o legislador, mas não está acima da lei. Você é o senhor de todo o universo, mas não está acima da lei. Você é o criador do céu e da terra, mas não está acima da lei. Não há um discurso como esse no cristianismo, nem no islamismo, nem, que eu saiba, em qualquer outra religião que eu conheça. E essa é nossa glória. E não sabemos de nenhum raio que tenha fulminado Abraão como castigo por insolência ou ofensa aos céus.

É verdade que alguns capítulos adiante o mesmo Abraão está disposto a sacrificar seu filho, Isaac, numa obediência cega. Como transpor esse abismo entre o Abraão que enfrenta Deus pela vida de estranhos, os habitantes de Sodoma, e o Abraão que não hesita nem por um instante quando Deus lhe ordena que mate seu filho em sacrifício? Shulamit Har-Even propôs uma interpretação instigante do sacrifício de Isaac. Como todos os seus comentaristas, Har-Even acha que Abraão foi posto à prova. Mas, ao contrário dos comentaristas tradicionais, Har-Even acredita que Abraão foi malsucedido nessa prova, um fracasso absoluto. Porque o que ele tinha de fazer era "recusar-se a obedecer", refutar a ordem. Deveria se opor àquele comando e responder a Deus: "Você mesmo nos proibiu de fazer sacrifícios humanos, por isso me recuso a sacrificar meu filho". Deus pôs Abraão à prova, e ele, o decantado paladino da fé, fracassou porque disse "Sim, comandante", quando deveria ter dito "Este comando é claramente ilegal e merece uma bandeira preta". (Um subsídio surpreendente para essa interpretação ousada de Har-Even sobre o sacrifício de Isaac encontra-se no Talmude da Babilônia, seção *Taanig* 3,51. E também em Jeremias 19,5.)

O povo briga incessantemente com os profetas, os profetas brigam com Deus enquanto também brigam com o povo e com os reis. Jó repreende os céus. Os céus recusam-se a reconhecer que pecaram contra Jó, mas assim mesmo lhe concedem um ressarcimento pessoal. Na Guemará, que é o comentário da Mishná, que é o comentário do Pentateuco, há histórias picantes que expressam certa medida de rebeldia em relação aos céus e até a recusa de aceitar o julgamento de Deus. A mais incitante entre essas histórias talmúdicas é a do forno de Akhnai, uma extensa discussão entre sábios sobre a pureza ou não de um forno feito de segmentos com preenchimentos de areia. Quando Deus se arroga o direito de interferir na discussão, o rabi Iehoshua o repreende, *Ló bashamaim hi*, a decisão não cabe ao céu.

Até mesmo nas últimas gerações houve sábios rabínicos chassídicos que indiciaram Deus para que se apresentasse diante do tribunal rabínico para um *Din Torá*, um julgamento segundo os preceitos do Pentateuco, para tentar justificar tudo de terrível que estava ocorrendo neste mundo. Deus, é claro, não se apresenta, mas a convocação continua em vigor. Os sábios rabínicos ainda estão à sua espera no "Tribunal de baixo", o tribunal terreno, que venha e se justifique, que explique o sofrimento e a injustiça. Que finalmente explique o porquê: "Para o justo, tudo é ruim. Para o iníquo, tudo é bom".

Essa rebeldia percorre a história do povo de Israel como um segundo fio condutor: "Não agirá com justiça o Juiz de toda a Terra?"; "Até quando, Senhor, até quando se regozijarão os malvados?".

A partir dessa vociferação aos céus, que aparece no Pentateuco, nos Profetas, no Livro de Jó, na Guemará e nas histórias chassídicas, esse fio condutor leva diretamente ao maravilhoso e chocante poema de Uri Zvi Grinberg: "No fim dos caminhos está o rabi Levi Itschak de Berdichev e ele exige uma resposta do céu", poema escrito na esteira do Holocausto, no qual o rabi Levi Itschak se dirige a Deus e o confronta: "Onde estavas?" ou "Como pudeste?".

Escreve Iehuda Amichai: "*El male rachamim...* Deus cheio de misericórdia, se Deus fosse cheio de misericórdia, a misericórdia estaria no mundo e não somente nele". Ele,

Amichai, e não o santo daqui ou o gênio de lá, ele, e não os rabinos sábios e mestres de nossos comportamentos — para mim, é ele o verdadeiro herdeiro da cultura de Israel naquilo que há de melhor. Nesse e em outros poemas, Amichai é o portador dos genes espirituais e morais de Abraão, nosso patriarca, em sua discussão sobre Sodoma, do profeta Jeremias, do Livro de Jó, do forno de Akhnai, do rabi Levi Itschak de Berdichev. Até mesmo S. Y. Agnon, um judeu religioso e cumpridor dos mandamentos judaicos, pôs na boca de alguns de seus personagens palavras chocantes de clamor aos céus. No romance *Hóspede por uma noite*,* Daniel B'ch diz: "Sou uma pessoa simples e não acredito que o Senhor, abençoado seja, quer o bem de suas criaturas". Esse Daniel está muito longe de afirmar que Deus não existe. Também está longe de dizer que Deus não é onipotente. Daniel realmente acredita em Deus, mas está cheio de raiva e de ironia para com Ele. Não acredita que ele queira o bem de suas criaturas.

Esse é o cerne anarquista. O gene anarquista que cintila há milhares de anos na cultura de Israel. Não se quer disciplina. Não se cumprem simplesmente ordens. O que se quer é justiça. Exige-se justiça até mesmo do criador do mundo. *Tsedek tsedek tirdof*, "Hás de buscar a justiça". Ou, como disse o grande poeta Bialik em *Al Hashchitá*: "E se, depois de eu

* *Hóspede por uma noite*. Trad. de Zipora Rubinstein. São Paulo: Perspectiva, 2014.

ser aniquilado sob o firmamento, surgir a justiça — que seu trono seja destruído para sempre". (Mais uma vez: houve também e ainda há no judaísmo vozes totalmente díspares, vozes que aspiram a vitórias e vingança, e não à justiça e à compaixão.)

Um caçador de jumentas e um pastor de ovelhas, sob inspiração divina, são capazes de reinar sobre Israel ou de compor salmos. Um tratador de sicômoros um dia torna-se um profeta.* O pastor de ovelhas analfabeto de Kalba Shabua** ou algum sapateiro longínquo, ou um rude ferreiro, até um ex-assaltante, ensinam Torá, interpretam seus textos, deixam sua marca na vida cotidiana de cada israelita durante milhares de anos. Assim mesmo, sempre, ou quase sempre, pairava sobre cada um deles a pergunta: "Quem é você? Como vamos saber se você é o homem? Talvez você realmente seja um grande sábio da Torá, mas na rua ao lado mora outro grande sábio, e ele discorda de você e propõe uma interpretação completamente diferente, até contrária à sua". E mais de uma vez se constata que *eile veeile divrei Elohim chaim*, "tanto estas como aquelas são palavras do Deus vivo". E muitas vezes a controvérsia não é uma maldição, e sim uma bênção, "uma controvérsia que engrandecerá

* A referência é feita, respectivamente, ao rei Saul, ao rei Davi e ao profeta Amós.

** Rabi Akiva, um dos maiores sábios rabínicos do judaísmo.

e fortalecerá a Torá", "controvérsia em nome do céu", "a disputa entre sábios aumentará a sabedoria". Em um raro momento de condescendência, o próprio Deus reconhece seu erro, sorri e diz: *Nitzchuni banai*, "Meus filhos me venceram".

Na maioria das vezes, na história do povo de Israel, a questão de quem tem autoridade para interpretar [os textos das Escrituras] foi decidida por força de um consenso parcial, não por unanimidade. A história cultural de Israel nos últimos milhares de anos é uma sucessão de controvérsias amargas, algumas delas muito feias, impregnadas de sofrimento, outras muito férteis e maravilhosas. Em geral, o povo de Israel não dispôs de um mecanismo de decisão a respeito dessas questões que tivesse autoridade formal, pelo menos não depois do declínio e do fim do Sinédrio. Nunca aconteceu entre nós que a opinião de quem veste túnica branca prevalecesse sobre a de quem veste túnica vermelha, nem a dos que vestem túnica vermelha sobre a dos que vestem apenas túnica preta. Um rabino era superior a seu colega porque muitos o consideravam assim. Nada mais do que isso.

Gerações após gerações, a cultura de Israel foi construída pela energia criativa que havia na tensão entre um sacerdote do Templo e um profeta, entre fariseus e saduceus, entre as casas de Hilel e de Shamai, entre os estilos de ritual sefardita e asquenaze, entre *chassidim*, os líderes chassídicos, e *mitnagdim*, seus opositores, entre observantes da religião e iluministas, entre sionistas e antissionistas, entre a escola de

Bialik e a escola de Berdichevsky, entre seculares e religiosos, entre pombas e falcões, até o dia de hoje.

A cultura de Israel é uma cultura de negociação (em aramaico, *shikla vetária*). De olhar os vários ângulos de tudo. De agudeza e poder de persuasão. De "tanto estas como aquelas são palavras do Deus vivo".

E às vezes, também, de *Tishbi ietaretz kushiot uveaiot* [o profeta Elias responderá às perguntas e resolverá os problemas]: quando os maiores cérebros não conseguiam chegar a uma solução de consenso, eles declaravam *tiku* (que, de acordo com uma das interpretações existentes, corresponde às iniciais de *Tishbi ietaretz kushiot uveaiot*; daí deriva o uso dessa palavra no mundo esportivo para denotar empate, numa palavra impossível de ser traduzida em seu pleno significado para qualquer outra língua). Eis seu significado: não faz mal, vamos continuar a discordar até que o profeta Elias venha decidir a questão. Permanecer na discórdia não é uma tragédia. É perfeitamente possível viver em situações em aberto. Talvez até mesmo haja certas vantagens em viver dessa maneira. Tudo isso com uma condição que é determinante: que o debate ocorra sem violência. Controvérsia sem perseguições. Qual foi a instrução do primeiro-ministro Menachem Begin ao chefe do Shabak, o Serviço Geral de Segurança, quanto ao interrogatório de prisioneiros? "Nem uma só bofetada."

A cultura de Israel santifica a discórdia relacionada

com as questões do céu. Incentiva *ifcha mistabera*, a oposição, afirmação de que o inverso do afirmado é que é o certo. Contudo, não se pode negar, às vezes é também uma cultura de fortes impulsos que se disfarçam como discórdia, impulsos em busca de força, de autoridade, de honra. E, assim, esse legado, para mim, é um legado que se coaduna admiravelmente com as ideias da democracia pluralista. Se for permitido tomar aqui emprestada a terminologia musical, poder-se-ia dizer que a tradição do debate e da controvérsia na cultura de Israel se encaixa muito bem com a noção do contraponto e também com a de polifonia humana, na qual a comunidade é um coro de muitas e diferentes vozes, uma orquestra com instrumentos variados, todos regidos num sistema de regras consensual.

Luzes e não uma [só] luz. Crenças e ideias, e não uma crença e uma ideia.

Então, como dissemos, surgiram na cultura de Israel grandes "bolsões" de obediência cega por parte de quem considerava o judaísmo apenas uma religião, e não uma cultura. Para mim, a obediência cega é um desvio da tradição mesmo quando se arvora na própria encarnação da tradição. Com todas as imensas diferenças entre os rabinos lituanos em sua autoridade religiosa e o messias de Lubavitch, e entre estes e o santo da aldeia de Netivot, ou entre todos estes e o rabino que fundou o movimento Sha's, o que há de comum entre eles e outros mais é a tentativa de impor uma obediência papal. Os que se submetem a eles aceitavam, e ainda aceitam, submissos, o jugo da obediência.

A meu ver, uma obediência cega nunca pode ser moral. Nesse aspecto, eu me afasto também do judaísmo de Ishaiahu Leibovitz, o qual afirma que todos os mandamentos são ordens de Deus e não se podem contestá-los ou deles se desviar.

Desde que a Bíblia hebraica foi completada, não houve um só acontecimento com que todos os judeus concordassem unanimemente em considerar um milagre ou uma ocorrência maravilhosa. Na verdade, mesmo hoje existem muitos que acreditam em milagres e maravilhas. Mas sempre há os que discordam, suspeitam, duvidam. Quase sempre, para cada autoridade surge entre nós uma autoridade oposta — pelo menos assim foram as coisas nos bons tempos. Na história de Israel, houve apenas uns poucos cuja autoridade foi aceita sem contestação pelos contemporâneos da mesma geração e pelas gerações seguintes. Afinal, a origem da autoridade na cultura de Israel reside na disposição do povo, ou de grande parte dele, de aceitar o mestre do ensino, ou o intérprete dos mandamentos, ou o justo exemplar, ou o guia do comportamento, como um fator originário de autoridade.

Até mesmo Maimônides, chamado em nossas fontes de "a grande águia", tornou-se merecedor desse cognome por força de sua aceitação pelo povo, e não por força de seu reconhecimento por cardeais que discutem entre si até sair uma fumaça branca.

A escala de importância para o povo de Israel, ao menos nos bons tempos, não está estabelecida de cima para baixo. Existe, quanto a esse aspecto, um traço democrático claro e profundo na cultura de Israel em todas as gerações. Vale a pena ressaltar isso nesta época em que vivemos, quando surge entre nós todo tipo de sábios que não só não percebem a contraposição factual entre a autoridade, da *Halachá* — as regras religiosas ortodoxas de comportamento — e a autoridade do poder eleito, como também têm o estranho hábito de confrontar judaísmo e democracia, descrever o espírito da democracia como uma ameaça ao espírito do judaísmo, ou o judaísmo como uma ameaça aos princípios da democracia.

O filósofo Isaiah Berlin ensina que a questão em litígio entre democratas e democratas reside nesta pergunta: a liberdade política é em essência negativa, no sentido de "viva e deixe viver", ou positiva: "viva corretamente para ser realmente livre"?

* * *

Com minha filha, Fania Oz-Salzberger, aprendi que a democracia liberal é uma forma de organização da sociedade ou do Estado cujo objetivo declarado é pôr em ordem equanimemente as diferentes vontades de todos os indivíduos que a eles pertençam, respeitando sua liberdade. Ela intermedeia as diferentes vontades mediante votações e decisões da maioria. E isso, é claro, zelando pelos direitos de toda minoria por meio de um sistema de compromissos e defesas. Também aprendi com ela que as democracias mais características do início da era moderna eram religiosas radicais, os huguenotes na França, os revolucionários na Inglaterra, que lutaram contra as tentativas do governo de impor sobre eles a religião da maioria (embora não demonstrassem maior tolerância entre eles mesmos).

O mundo da *Halachá*, assim como o próprio universo, começa com uma grande explosão, a doação da Torá, o Pentateuco, no monte Sinai. Desde então, e até hoje, pelo menos até ontem e anteontem, a cultura de Israel era feita de ondas que se propagavam em círculos cada vez mais distantes, como se um meteoro gigante tivesse caído no oceano e as ondas resultantes ainda estivessem se propagando em torno da impressionante cena no monte Sinai. São ondas de interpretações e comentários, e de interpretações de interpretações, mas são ondas que, como é natural, à medida que se alargam e se afastam, também se enfraquecem. O legado de Israel ao longo de suas gerações repousa sobre camadas de comentários e de comentários de comentários da Torá que foi entregue no monte Sinai. Quanto mais se afasta do momento dessa doação, mais esse espaço interpretativo se reduz, porque está cada vez mais povoado. Cada geração acrescenta algo e vem povoar também esse âmbito de interpretações, e é proibido subtrair qualquer coisa de qualquer geração. É proibido ter um arquivo morto. É proibido eliminar o que quer que seja. O resultado: a casa se enche cada vez mais de móveis, nos móveis se acumulam cada vez mais objetos, nada sai e logo nada poderá entrar, pois quase não há mais espaço.

No mundo da *Halachá* aumentam e se fortalecem a expertise erudita ou a devoção estrita, a agudeza ou a exaltação entusiasta, na mesma medida em que o espaço criativo se encolhe mais e mais.

O reconhecimento do próprio valor também está se reduzindo de geração em geração, devido à convenção segundo a qual, "como primeiros entre os homens, somos como burros", ou pela permanente constatação de que "a geração se reduz cada vez mais". Quando mais se afasta do evento no monte Sinai, mais o judaísmo da *Halachá* conserva e repete e menos cria. Os que vêm depois não têm o direito de mudar o que disseram os que vieram antes.

Com efeito, relógios espirituais diferentes marcaram horas diferentes no judaísmo sefardita, no judaísmo asquenaze, em Bagdá, no Iêmen, no Marrocos, em Salônica, na Europa Oriental. Porém, todos os relógios mostram que o evento do monte Sinai está cada mais encoberto por uma nuvem de textos interpretativos sobre textos interpretativos. Daí se origina a sensação de sufoco que muitos têm em relação ao mundo da *Halachá*.

Até certo ponto, o judaísmo do *Shulchan Aruch*, a saber, a regulamentação pragmática e normativa dos mandamentos judaicos, como uma espécie de manual de procedimentos baseado na *Halachá*, foi surpreendentemente bem-sucedido na resistência às pressões e tentações do mundo exterior. Essa resistência foi possível não só por força da devoção religiosa dos judeus. Também se deve ao fato de haver semelhança entre a vida de isolamento dos judeus — por exemplo, na Europa Oriental e no norte da África — e a de seus vizinhos não judeus, que igualmente se fechavam em suas religiões e formavam comunidades religiosas em volta da igreja ou da mesquita. Enquanto a "reserva" judaica viveu uma vida em separado, parecida com a dos setores cristãos ou muçulmanos, em torno de um foco marcadamente religioso, foi possível manter uma identidade separada e defendê-la. Mas, à medida que o entorno não judaico ficava mais aberto, como aconteceu na Espanha muçulmana durante a Idade de Ouro, à medida que o entorno não judaico ficava mais tolerante e mais curioso em relação ao "outro", os judeus foram levados a viver segundo dispositivos da *Halachá* menos rigorosos, mais amenos. Ampliou-se o horizonte da Criação.

Quando o secularismo começou a se espalhar pela Europa, há cerca de duzentos anos, quando o foco da identidade do entorno não judaico deixou de ser religioso e passou a ser nacional, e, mais ainda, desde que surgiram as ideologias multinacionais e supranacionais, a vida dos judeus dentro dos muros da *Halachá* tornou-se mais opressiva, ao passo que os encantos dos mundos vizinhos se mostravam cada vez mais atraentes. S. Izhar também afirma isso em seu instigante artigo "A força de ser secular".

Isso aconteceu, entre outros motivos, porque a propensão ao outro, ou a afinidade com ele, é um componente vital na identidade dos indivíduos e dos grupos. Até mesmo nossa afinidade com os inimigos é parte de nossa autodefinição.

Conforme essas propensões ou afinidades se tornavam mais abertas, mais tentadoras, conforme mudava a identidade daqueles que nos cercavam, nossa própria identidade, contra a nossa vontade, estremecia.

Fato: milhões de judeus que se dizem "tementes a Deus e judeus integrais" não abandonaram sua fé apesar de tudo, apesar dos enormes terremotos no círculo judaico da *Halachá*: o shabetaísmo — movimento de massas que seguiu o falso messias Shabetai Tsvi no século XVII. O chassidismo. O surgimento da grandes *ieshivot* — escolas superiores de ensinos religiosos judaicos — no século XIX. O nascimento do sionismo religioso.

Nas gerações mais recentes, cada vez mais judeus descobriram que a vida segundo as regras da *Halachá* já não os satisfazia. Alguns ampliaram o espectro de sua identidade no rumo da nacionalidade política. Outros, no da reforma religiosa. Muitos buscaram a porta de saída e se assimilaram.

O judaísmo da *Halachá* reagiu com um misto de pânico e ira: excomunhões, banimentos, maldições, xingamentos, pragas, endurecimentos, blindagem, como se tivesse resolvido que até a fúria passar todos os tementes a Deus deveriam se fechar numa casamata espiritual e emocional. A maior parte do judaísmo da *Halachá* ainda não saiu dessa casamata. Inclusive aqui em Israel. Em Jerusalém. Em Bnei Berak. Em Beit Shemesh. Em Beitar Ilit.

O nacionalismo, a emancipação, a interação com a cultura hospedeira, o cosmopolitismo em todos os seus matizes, a vivência moderna, as portas que nos séculos XVIII e XIX se abriram para os judeus e tantos e tantos lugares, fizeram com que o judaísmo da *Halachá* reagisse a todas essas reviravoltas como se fossem um pesadelo passageiro. O judaísmo da *Halachá* ortodoxa não só se recusou a se adaptar a uma situação nova, como também a examiná-la, a considerá-la, e viu nela somente uma distorção transitória. Na verdade, recusou-se mesmo a reconhecer que havia uma situação nova. Até hoje, o judaísmo da *Halachá* insiste em alegar que tudo que parece ser novo não é mais do que uma encarnação camuflada de antigos desvios. *Kvar haiú devarim meolam*: "Tudo isso já aconteceu antes". *Chadash assur min haTorá*: "É proibido acrescentar novidades à Torá", como se a proibição a qualquer renovação valesse não apenas para os judeus, mas incidisse igualmente sobre os gentios, sobre todo o mundo exterior ao judaísmo. Até o assassinato de milhões de judeus pelos alemães nazistas continua a ser percebido pelo setor petrificado do judaísmo da *Halachá* na forma de clichês antigos e deploráveis (considerando a dimensão do horror). Seguidamente eles declamam: "Em cada geração houve um faraó, um Amaleque, um malvado Hamã, um Antíoco". Como se o Holocausto fosse, afinal, apenas mais um pogrom, talvez um pouco mais duro. Mais uma vez os cossacos, mais uma vez a Inquisição, mais uma vez o antissemitismo, mais uma vez Amaleque, o faraó. Como se os nazistas não tivessem sido senão uma tribo do deserto que espicaçou os retardatários. Como se o assassinato do povo judeu não fosse nada além de um elo numa corrente que conhecemos há muito tempo, uma corrente de *tsures*:* mais um *kidush hashem* — morrer em nome da santidade do Senhor —, mais uma "provação por que temos de

* Corruptela em iídiche para o hebraico *tsarot*, termo de expressividade quase folclórica, que significa "misto de problemas, percalços, sofrimentos, preocupações" etc.

passar devido a nossos pecados", uma experiência cujas consequências só podem ser reparadas com o retorno à observância religiosa.

Assim se esquivava, e se esquiva, o judaísmo do *Shulchan Aruch* a um verdadeiro enfrentamento teológico com o assassinato de um terço do povo judeu (embora, quanto a isso, se tenham ouvido aqui e ali no campo ortodoxo vozes distintas, como a do rabi Kahaneman, fundador da ieshivá Ponevitch, em Bnei Berak).

Quase na mesma medida, o setor não sionista do judaísmo da *Halachá* esquivou-se igualmente da necessidade de um enfrentamento teológico com um fenômeno sem precedente, o da renovação da independência política do povo judeu na Terra de Israel, da reconstrução de Jerusalém, não por um anjo, não por um serafim, não pela vinda do Messias, mas por um movimento político secular e moderno, sob a influência dos movimentos nacionais que também surgiram entre outros povos.

As vítimas do nazismo, assim como aquelas que caíram nas guerras árabe-israelenses, todas foram incluídas, pela mesma rotina linguística automática, nos que morreram *al kidush hashem*, "pela santidade do Senhor". No entanto, os milhões de judeus que perderam a vida nas mãos dos nazistas e seus colaboradores não morreram absolutamente *al kidush hashem*! E eu também fico furioso quando ouço a expressão "Deus vingará seu sangue". Milhões deles nem sequer acreditavam em *kidush hashem*! Centenas de milhares entre eles, que nasceram de mães não judias, nem sequer seriam considerados judeus por esse mesmo judaísmo do *Shulchan Aruch*. Com que direito atribuem à morte deles o caráter de *kidush hashem*? Com que direito o judaísmo da *Halachá* atribui a si a identidade deles, talvez com isso lhes faltando com o respeito? Muitos deles certamente também considerariam sua qualificação como "santos", ou "mortos *al kidush hashem*", uma profanação de sua lembrança, de sua identidade, de sua autodeterminação pessoal.

A maioria dos que foram mortos nas guerras árabe-israelenses tampouco foi ao campo de batalha para santificar o Senhor. Eles foram ao campo de batalha para defender sua vida, a vida de seus entes queridos e a vida de seu povo. Muitas centenas de mortos nas guerras de Israel nem sequer eram judeus, e sim muçulmanos, cristãos, drusos, beduínos, circassianos, e não poucos pertenciam a povos que vieram como voluntários e certamente não deram a própria vida pela santidade do Senhor. Não.

No início da década de 1950, em Maale Akrabim, no deserto do Neguev, foram assassinados os passageiros de um ônibus israelense. O ministro da Defesa declarou no Parlamento: "O derramamento de sangue judeu não ficará impune!".

É aqui que devemos nos deter por um momento e ressaltar com veemência que essa expressão horrível, "sangue judeu", não aparece em lugar algum de nossas Escrituras. Nem uma só vez. Entre nós não existe "sangue judeu". No Tanach, a Bíblia hebraica, cita-se "sangue limpo". Há "O sangue de seu irmão clama a mim da terra". Há "Quem derramar o sangue de alguém por alguém terá seu sangue derramado". E há "Meu sangue está limpo". Depois do período bíblico, aparece entre nós, por exemplo, a expressão "Seu sangue não é mais vermelho" (ou seja, não é mais vermelho do que o sangue de seu próximo, pois todos fomos criados à imagem de Deus).

Por outro lado, "sangue judeu" é um conceito central nas Leis de Nuremberg, formuladas por Hitler. Recentemente, esse conceito monstruoso popularizou-se também entre muitos dos judeus mais extremistas de Israel.

Há alguns anos fomos hóspedes, minha mulher Nili e eu, na casa de um velho amigo já falecido. Era um grande homem de espírito, cujas ideias eram simpáticas ao conceito do "grande Israel" na totalidade da Palestina. Nili, com sua bela voz, cantou para nós: "Quando o Senhor trouxe do cativeiro os que voltaram a Sião, estávamos como os que sonham", um versículo maravilhoso do livro dos Salmos. Os olhos de nosso anfitrião encheram-se de lágrimas, e do fundo de seu coração brotaram estas palavras: "Temos de cancelar o hino *Hatikva* ['A esperança'], nosso hino tem de ser 'Quando o Senhor trouxe do cativeiro os que voltaram a Sião, estávamos como os que sonham'". Eu respondi: "De jeito nenhum! Se é para trocar o hino sionista, talvez seja melhor escolher aquela canção que diz: 'Não nos aconteceu nenhum milagre, não achamos nenhuma lata com óleo,* que é totalmente o contrário de 'Quando o Senhor trouxe do cativeiro os que voltaram a Sião...'".

Aquele que tentar confundir ou fazer esquecer o fato de que a volta contemporânea a Sião e a construção das colônias agrícolas, dos kibutzim e das cidades não aconteceram pelas mãos do Messias, mas pelas mãos de um movimento político secular, pragmático, moderno, estará ameaçando com isso a minha identidade judaica e a de outros como eu. Ameaçando nos obliterar. Sem falar na profunda ofensa que nos fazem os que, como os discípulos do rabi Kook, afirmam que os pioneiros judeus seculares, sem que tivessem compreendido isso, não foram mais do que instrumento da providência divina, e tudo o que eles defendiam, e toda a sua autodeterminação, nada a ela acrescenta nem dela subtrai. No cômputo, eles não seriam senão o "burro do Messias" [segundo a lenda, o Messias chegará montado num burro]. É uma ofensa difícil de suportar.

É na nova literatura hebraica, de Iehuda Leib Gordon e Bialik, Berdichevsky e Brener e Agnon, Uri Zvi Grinberg,

* Referência ao milagre descrito na festa de Chanuká, quando, ao purificar o Templo que fora conspurcado pelos sírios helênicos derrotados (século II EAC), os judeus viram uma única latinha de óleo fazer arder a "luz perene" do Templo durante oito dias.

Zelda, S. Izhar, Pinchas Sade, Iona Wallach, Itschak Orpaz, Iehuda Amichai e Dan Pagis, Chaim Brener, Chaim Sabato e Tseruia Shalev, que se podem encontrar, mais de uma vez, momentos religiosos profundos e pungentes.

Foram alguns escritores hebreus dos últimos cem ou 120 anos que se encarregaram de uma função da qual os donos da *Halachá*, de todos os tipos, fugiram como se foge de um fogo ameaçador.

Quase se pode falar em separação da religião — não, não na separação da religião do Estado, mas na separação da religião dos religiosos: os eventos teológicos mais importantes da cultura de Israel nas últimas gerações não tiveram lugar nas casas de estudos religiosos nem nas cortes dos rabinos e líderes religiosos; eles ocorreram na poesia, na prosa e no pensamento hebraicos.

O mais incrível é que a discussão teológica não desapareceu da nossa cultura, mas passou das mãos dos "guardiões da muralha" para as da força mais criativa do povo judeu nas últimas gerações — a nova literatura hebraica. Seus criadores não deixaram Deus em paz. Insistiram em puxá-lo pela manga, tentaram descer às profundezas de suas intenções, mover ação contra ele, incomodá-lo, até mesmo descarregar sobre ele toda a sua raiva, e com frequência, lá no fundo, ter saudades dele. Escritores que em geral se consideravam seculares não paravam de expressar uma aflição de natureza teológica. Por exemplo, nas palavras finais de *Sipur*

Chirbat Chiza, de S. Izhar, depois da destruição da aldeia árabe: "Deus desceu até o vale para percorrê-lo e ver se havia justificativa para tanto sofrimento". Muitos escritores, poetas e pensadores escreveram sobre *hester panim*, a ira divina (sem empregar esse termo).* Eles, e outros como eles, são os poços com água que dão vida à cultura de Israel em nossas gerações. Eles, e outros como eles, são as fontes borbulhantes de nosso tempo. Eles, e não as ieshivot.

O judaísmo da *Halachá* tornou-se, no máximo, um buraco impermeável cheio de água do qual não se perde uma gota sequer, mas também ao qual quase não se acrescenta uma gota que seja. A maior parte das descobertas dinâmicas e criativas na cultura de Israel ocorreu nas gerações mais recentes, fora do reinado da *Halachá*, ainda que tivessem uma relação dialética com ela; à vezes até mesmo uma relação explosiva, mas uma relação explosiva também é uma relação. Não raro há na relação explosiva mais intimidade do que naquela mantida pelos "curadores de museu", que põem o legado de Israel atrás de uma vidraça blindada com um aviso de "É proibido tocar", e cuja esperança consiste em pôr as gerações futuras diante dessa vidraça, mostrar-lhes a glória dessa herança e pedir que a memorizem e repitam, que se deleitem com ela, a interiorizem e a passem adiante.

* Por empréstimo, também com a conotação de "indiferença", "alheamento" (ao sofrimento).

Há uma alegação muito difundida pelo judaísmo da *Halachá*: foi a Torá, o Pentateuco, que preservou o povo de Israel; sem ela, nós nos teríamos assimilado há muito tempo entre as nações do mundo. Mas a verdade é outra. Não foram os mandamentos que "preservaram" os judeus, foram os judeus que optaram por seguir os mandamentos. Judeus em cada geração escolheram ser judeus, tanto mediante o cumprimento dos mandamentos como por outros caminhos. O povo judeu existe há milhares de anos somente pela força dos milhões de decisões individuais que milhões de judeus tomaram durante dezenas de gerações, de manter suas identidades.

O agnosticismo também é parte da cultura de Israel. Assim como a heresia, a ofensa aos céus, todas essas atitudes são totalmente religiosas. Como o maravilhoso insight do escritor Shlomo Tsemach: "Não amaldiçoa Deus quem não o tiver no coração".

Eis o caso de Elisha ben Abuiá, "o outro", o homem que montou em seu burro no shabat, também consagrado ao descanso dos animais. Foi excomungado, banido, mas assim mesmo entrou no Talmude. Segundo uma versão talmúdica, até lhe foi concedida a vida no mundo do além. Talvez um dia também Espinosa, excomungado e banido, o convertido Heine, que continuou a ser judeu até a medula dos ossos, e mesmo aquele judeu torturado, o maravilhoso moralista e poeta de Nazaré, talvez todos eles um dia tenham um lugar no panteão judaico. São todos carne de nossa carne.

O que se inclui na cultura de Israel? Tudo o que se acumulou entre nós no decorrer de gerações. O que se criou dentro e o que se acolheu de fora e se tornou membro da casa. O que hoje é costume, o que já foi costume, o que é aceito por todos, o que é aceito somente por alguns. O que hoje se aceita e o que se aceitava em gerações passadas. Aquilo que eu aceito e aquilo que me irrita e que eu rejeito, tudo isso se inclui na cultura de Israel. O que foi escrito em hebraico e o que foi criado em outras línguas. O que está escrito e o que se depreende fora da escrita. Também algumas linhas de conduta, também formas de reação ligadas à nossa memória coletiva. Talvez até um típico tom de humor e de pilhéria que não sou capaz de definir, mas que identifico facilmente sempre que deparo com ele. Talvez uma tendência marcante para a crítica, a dúvida, a autoironia, a autocomiseração, a autocomplacência. Uma espécie de pragmatismo envolto em fantasias. Êxtase misturado a ceticismo. Euforia misturada a visões sombrias. Uma alegria melancólica. E, ainda, uma desconfiança profunda, profunda e salutar, de toda autoridade. E certa medida de obstinada oposição ao mal.

Nesses traços contraditórios e complicados talvez seja possível identificar nossa imagem. Porém, é preciso acrescentar imediatamente que esses traços não estão impressos individualmente em cada um de nós. Além disso, não há certeza alguma de que continuará a existir no futuro. Há sensibilidades judaicas que se identificam facilmente em Jesus e em Heine, em Espinosa e em Einstein, em Shlomo Ibn Gabirol e em Kafka e em Karl Marx, nos irmãos Marx, em Hannah Arendt e em Woody Allen, no profeta Jeremias e em S. Izhar, no poeta dos Salmos, no Eclesiastes, no rabi David Buzaglo, em Zelda e em Iehuda Amichai. Não é difícil identificá-las, contudo é quase impossível amarrá-las em definições.

Algumas dessas sensibilidades estão desaparecendo aqui e agora, junto com o mandamento "Não causarás dor".

No que tange à posição em relação ao Estado, encontram-se, paradoxalmente, as extremidades mais distantes do judaísmo da *Halachá*: de um lado, os ultraortodoxos antissionistas do bairro Meá Shearim, de Jerusalém, do outro, os messiânicos das colinas, que são essencialmente pós-sionistas.

Tanto os ultraortodoxos de Meá Shearim como os messiânicos políticos têm enorme dificuldade em aceitar o Estado de Israel como ele é, com um governo eleito pelo povo, com cidadãos não judeus que supostamente têm direitos iguais, com a torre de vigia e controle que é a Suprema Corte. Os ultraortodoxos radicais na verdade não estão dispostos a aceitar o Parlamento e a Suprema Corte como um sucedâneo do Sinédrio, nem que as leis aprovadas no Parlamento e as decisões da Suprema Corte prevaleçam sobre as disposições dos intérpretes da *Halachá* ao longo das gerações. Por outro lado, tampouco pretendem aceitar a autoridade do governo do Estado de Israel como no decorrer de gerações a aceitaram os governos da Polônia e da Rússia, ou a autoridade do rei do Marrocos, de acordo com a famosa expressão *Dina d'malchuta dina*, "há que respeitar a lei do Estado em que se vive". Os ultraortodoxos não são capazes de aceitar o Estado de Israel nem como um poder judaico compulsório nem como um poder gentio compulsório. Nem engolir nem vomitar.

Os messiânicos têm outro problema com o Estado de Israel. Para alguns deles, esse Estado é apenas uma "casca", no máximo uma plataforma provisória. Agora que estão ouvindo os passos do Messias chegando, querem pôr a plataforma de lado e extrair à força a centelha do reino de dentro da casca que é o Estado. Eles nos dizem repetidamente que a democracia é uma "muda alienígena", não é nossa, é mercadoria de importação. Não precisamos dela. Temos a obrigação de renovar o reino.

Com razão o professor Avi Ravitzky, meu colega, e amigo, lembrou que talvez se possa discutir se a democracia é mesmo algo estranho a nós, mas um reino com certeza seria uma estranheza importada. Não foram os judeus que inventaram o reino. O povo, maciçamente, quase à força, impôs sua implementação ao profeta Samuel. Durante muitas gerações, no tempo dos juízes, antes de haver um reino, tínhamos um regime que parecia mais uma república do que um reino. O reino era uma forma de governo caracteristicamente não judaica, estranha ao legado de Israel muito mais do que a democracia lhe é estranha.

Tampouco o gueto é uma criação do povo de Israel. Ele não está na raiz de nossa alma. Ele nos foi imposto por determinação de estranhos, até que alguns de nós se apaixonaram por ele e tentam estabelecê-lo aqui também, porque só dentro de um gueto judeu eles se sentem aquecidos e confortáveis.

O judaísmo do *Shulchan Aruch* talvez não seja inteiramente capaz de ter uma vida nacional: se não fosse pelo medo que têm da democracia, a "muda alienígena" que esses seculares implantaram aqui, as diversas facções do judaísmo ortodoxo brigariam entre si, "e cada um engoliria o outro vivo":* judeus chassídicos contra *mitnagdim* — seus opositores —, judeus chassídicos contra outros judeus chassídicos, uma "corte" chassídica contra outra, sefarditas contra asquenazes, judeus com solidéu tricotado contra judeus com solidéu branco ou de outra cor,** sem nenhuma tradição de decisão por maioria. Se, nem pensar!, o Estado de

* O autor adapta aqui o texto original da Mishná, o comentário rabínico da Torá, que menciona "se não fosse pelo medo que têm *do reino*...".
** O solidéu tricotado identifica o campo religioso sionista; solidéus com "outra cor" representam os religiosos mais radicais, os ultranacionalistas; há também os que se opõem à própria existência de Israel antes da vinda do Messias.

Israel desaparecer da noite para o dia, junto com seu Parlamento, e as eleições, e os tribunais civis, todas as facções do judaísmo da *Halachá* vão precisar de novo, e incessantemente, de um regime não judaico que decida as coisas entre eles. Dia e noite terão de apelar para o governo árabe que se instalará, para que ele resolva suas controvérsias, exatamente como faziam na diáspora. Ainda antes do estabelecimento do Estado de Israel perguntaram a Chaim Weizmann quando finalmente haveria um Estado judeu. Ele deixou perplexo quem ouviu sua resposta: "Jamais", e explicou, sorrindo: "Se for um Estado, não será judaico. E, se for judaico, não será um Estado...".

Esse judaísmo não dispõe de mecanismos para decisões, nem com a autoridade de uma maioria nem com a autoridade de instituições eleitas. Existe apenas uma tradição muito longa de competição entre grupos religiosos rivais pelas benesses de um regime gentio e pela adulação de seus representantes. Cada uma das facções de "cumpridores dos mandamentos" está convencida de que é a representante do verdadeiro judaísmo, e quem não é como ela é pervertido, ou pecador, ou surdo e idiota. No mínimo, quem não é como eles é um "bebê aprisionado".

Quase nenhuma das correntes contemporâneas do judaísmo da *Halachá* é capaz de voltar a viver com amor o pluralismo judaico dos bons tempos. Quase nenhuma delas é capaz de experimentar a maravilhosa dádiva que há na ideia de que "tanto estas como aquelas são palavras do Deus vivo" (destacam-se positivamente os judeus ortodoxos de mente aberta que, mesmo assim, nos apresentam uma "nova canção" e os criadores de mente aberta do grupo Mashiv Haruach, além de outros).

Pior ainda: em questões de política, a *Halachá* está quase na idade da pedra. Ela é de uma sofisticação fascinante em tudo o que se refere a questões de dinheiro, de família, ensino, educação das crianças, questões entre um indivíduo e outro, de comunidade e de patrimônio, mas, no que tange às relações entre nações, ou entre Israel e outros povos, a *Halachá* aparentemente só conhece duas situações: ou *iad hagoim tekifá*, os povos gentios agridem, ou *iad Israel tekifá*, o povo de Israel agride. Quando os povos gentios agridem, eles nos maltratam e nós clamamos aos céus. Entretanto, quando *iad Israel tekifá*, por que não maltratá-los um pouco, para que gritem um pouco? É mais ou menos isso que se encontra, por exemplo, no livro *Torat hamelech* [A teoria do rei], que os autores dedicam à memória de um judeu que cometeu assassinato em massa em Mearat Hamachpelá, o Túmulo dos Patriarcas.*

O povo de Israel simplesmente não teve oportunidade nem experiência de vida adequada que lhe permitissem de-

* Túmulo de Abraão, que, pai de Ismael, também é patriarca dos árabes. Por isso, é um lugar sagrado tanto para judeus como para árabes.

senvolver uma *Halachá* sofisticada no campo das relações entre um Estado e outros Estados.

Então, há cumpridores de mandamentos dispostos a revelar infinita empatia, a inundar o próximo com rios e rios de amor incondicional, mas é um amor que depende sempre de uma coisa: a condição é de que o amado mude sua postura e aja como eu, pelo menos um pouco como eu. Porém, eu não tenho de mudar nada, porque estou certo. Total e inteiramente certo.

Está escrito: *harchev picha veemalehu*, "abra bem sua boca e eu a preencherei". Os que querem nos converter a cumpridores dos mandamentos, de todos os tipos, o "canal do diálogo" e análogos, os membros do Chabad e os judeus dos assentamentos na Cisjordânia, *mitnagdim* e *chassidim*, todos nos amam, com uma condição, e a condição deles é a seguinte: você abre a boca e eu a preencho. Porque você é um utensílio vazio, enquanto eu, obviamente, sou um utensílio abençoado. Esta ordem arrogante, "abra bem sua boca e eu a preencherei", encontra um eco típico na violência, que é com efeito o contrário do diálogo.

Pouco depois da criação do Estado de Israel, David ben Gurion foi se encontrar com o rabino lituano Avraham Ieshaiahu Karlitz, conhecido como "HaChazon Ish", em sua casa em Bnei Berak. "HaChazon Ish" apresentou a Ben Gurion uma fábula das fontes judaicas: "Uma carroça cheia e uma carroça vazia encontraram-se no meio de uma ponte estreita; não é justo que a carroça vazia abra caminho e deixe a carroça cheia passar primeiro?". Ben Gurion, talvez num momento de embaraço, tomou para si e para nós a decisão pela carroça vazia. Mas a cultura de Israel que cresceu fora das sinagogas nos últimos séculos não é uma carroça vazia. Bialik e Agnon, Brener e Berdichevsky, Rachel, Uri Zvi Grinberg, Alterman e Lea Goldberg, Gershom Scholem e Martin Buber, S. Izhar e Iehuda Amichai trouxeram para o legado de Israel carroças não menos cheias que as dos grandes mestres rabínicos. O reviver da língua hebraica e sua transformação, em três ou quatro gerações, de Bela Adormecida a uma língua falada diariamente por mais de 10 milhões de pessoas, são um evento espiritual não menos importante na história do povo de Israel do que a formação do Talmude. E as cidades, as aldeias, os kibutzim e os *moshavim* que se construíram aqui nos últimos 120 anos também estão, a meu ver, entre as mais fascinantes criações do povo judeu em todas as gerações.

Não é possível haver um diálogo espiritual entre uma carroça cheia e uma carroça vazia. Só será interlocutor quem estiver disposto a reconhecer que a cultura de Israel é feita de muitas e muitas carroças cheias.

Pelo menos desde a criação do Estado de Israel, os partidos religiosos têm se esforçado para fortalecer, por meio da política, aquilo a que dão o nome absurdo de "o caráter judaico do Estado". Não existe atualmente nada que justifique o uso desse termo no singular. No máximo, poder-se-ia falar de "caracteres judaicos", no plural. O caráter judaico de Tel Aviv não é menos caráter judaico do que o de Bnei Berak. O caráter judaico de Shderot, de Ierucham e dos kibutzim não é menos caráter judaico do que o de Safed. Aquele que acha que a única expressão de um caráter judaico é viver na bolha de uma aldeia judaica na Polônia, ou na continuação da *mellah* judaica no Marrocos, ou numa réplica do reino de Davi e Salomão, ou numa revivência dos tempos de Iavne e seus sábios, está se fechando numa bolha de negação. Não seria ruim se o Estado de Israel fosse um pouco parecido, aqui e ali, com cada um desses lugares, mas, também aqui e ali, talvez não fosse ruim que se parecesse com outros em torno da bacia do Mediterrâneo.

Será que Israel dos anos recentes está se afastando mais da ideia original e deixando de ser o Estado dos judeus, no sentido que para mim seria o desejável? Sim. Para mim, está se afastando cada vez mais. O mandamento "Não causarás dor" também está esmaecendo aqui de maneira acentuada.

O próprio Estado de Israel nasceu de um casamento misto. Ele veio do cruzamento da Bíblia com a cultura iluminista, dos anseios do movimento de volta a Sião com as emoções da primavera dos povos na Europa, da "comunidade" com a república, de *Knesset Israel* — a forma de governo da comunidade judaica da Palestina — com o espírito do parlamentarismo, do modo de vida que se consolidou nas aldeias judaicas da diáspora com ideologias modernas que visam à liberdade e à fraternidade entre todos os seres humanos.

Nathan Alterman, em seu poema "Im Knesset rishoná" ["Com a primeira *Knesset*"], definiu maravilhosamente esse cruzamento excitante entre o conceito hebraico de *knesset* [palavra que etimologicamente significa "reunião", "congresso", "assembleia", e hoje designa o Parlamento israelense] (numa alusão à *knesset hagdolá*, a grande *knesset*, que governava o judaísmo na época do Segundo Templo) com o significado do termo daquela primeira *knesset*: "assembleia constituinte", termo que está na origem da formação da República francesa.

Esse casamento entre a *knesset* de Israel e os ideais de liberdade e democracia não é simples. É complicado. Não é de admirar que nos dois lados se ouçam não poucas vozes que clamam por separação. Mas isso é impossível sem que haja um rompimento total. E, mesmo se for possível, não vale a pena. Melhor será tentar renovar e sanar essa complicada intimidade de casal.

A ruptura entre o judaísmo da *Halachá* e os que não vivem segundo o *Shulchan Aruch* é parcial. Toda tentativa de fortalecer o que os religiosos ortodoxos chamam de caráter judaico por meio de imposições ou legislações, toda tentativa de agilizar a vinda do Messias por meio dos tanques de Tsahal, o Exército de Defesa de Israel, ou de nos "reconverter" ao judaísmo por meio de um fiscal de *kashrut*, as regras dietéticas religiosas, só vai aprofundar essa ruptura.

É impossível "judaizar" Israel à força. Digamos que, por milagre, os partidos religiosos consigam impor a *Halachá* a todo o Estado de Israel. Digamos que ninguém poderá erguer a mão ou o pé em toda a grande Terra de Israel a não ser pelas regras do *Shulchan Aruch*, e sem o consentimento dos sete rabinos que formam um tribunal rabínico. Será que esse Estado será mais judaico? Mais impregnado do legado de Israel? Ou apenas mais oprimido e desesperançado? Mais envenenado por sentimentos de frustração e de raiva?

Ou imaginemos uma situação na qual os fanáticos messiânicos consigam destruir as mesquitas no monte do Templo e construir em seu lugar o Terceiro Templo, obter na *Knesset*, no Parlamento, a maioria necessária para deslegitimar tudo o que aqui representa o mundo exterior, definitivamente. Digamos que eles consigam anexar todos os territórios ocupados por Israel em 1967, eliminar todos os árabes, reduzir a Europa e os Estados Unidos a suas verdadeiras proporções; será que tudo isso vai ser bom para o povo de Israel? Ou será que isso resultará novamente em nossa destruição total, do mesmo modo que nossos fanáticos já nos levaram à destruição total, mais de uma vez?

* * *

Existe um denominador comum emocional entre a atual direita israelense e o judaísmo da *Halachá*: tanto uma como o outro estão acostumados a se encontrar em conflito real ou emocional com o mundo exterior. Tanto uma como o outro veem uma contradição eterna entre Israel e as nações do mundo. "Uma ovelha entre setenta lobos", "Israel é um cordeiro desgarrado", "gado para o matadouro". Os esforços da esquerda israelense para acabar com a "perenidade do conflito" entre nós e os árabes, entre nós e o mundo inteiro, são vistos pelo judaísmo da *Halachá* e por parte da direita como uma ameaça perigosa à singularidade do povo de Israel: se não houver inimigos, se não houver perseguições, se não houver cerco ou bloqueio, se não houver *kidush hashem*, o mundo exterior vai nos seduzir, vamos perder nossa identidade e nos assimilar. Segundo essa concepção, as perseguições, o cerco, "o inimigo em nossas portas", constituem na verdade uma "situação amigável", que conhecemos muito bem ao longo de toda a nossa história e que fortalece nossa identidade.[3] Ao passo que uma situação normal, em que não deparamos noite e dia com o "oponente e inimigo" da vez (essa era a situação à qual aspirou o sionismo de Herzl e Chaim Weizmann, de Ben Gurion e Jabotinsky, e

3. É o que afirma o professor Dan Meiron.

à qual aspira hoje a esquerda israelense), seria, na visão de muitos da direita e também do judaísmo da *Halachá* e no judaísmo dos assentamentos na Cisjordânia, uma situação que ameaçaria nossa identidade. "Em toda geração há os que querem nos exterminar, e Deus nos salva deles." E, assim, se houver um dia em que não queiram nos exterminar — o que vai definir nossa identidade? Quem é que Deus vai salvar? Não são poucos os que acham que, ainda mais importante que os territórios, é que o eterno conflito continue a ser eterno.

A ruptura entre os observantes dos mandamentos e os que não o são é um fato existente há cerca de 150 anos. Nada obriga a que essa ruptura produza qualquer "raiz que dê veneno e fel" (Deuteronômio 29,18). É possível haver uma ruptura produtiva, fértil. Para isso, é indispensável uma atenção recíproca e verdadeira, não a atenção adocicada dos que nos querem "reconverter" e a do "canal de diálogo", nem a atenção arrogante dos que têm todas as respostas, qualquer que seja o lado de que estão.

As bases tolerantes e dinâmicas que o judaísmo das comunidades orientais trouxe consigo até aqui, a cultura hebraica que floresceu com as primeiras gerações do sionismo, a nova literatura hebraica, a cultura do iídiche e a cultura do ladino, as correntes não ortodoxas do judaísmo, todas elas representam uma ordem do dia excitante para a cultura contemporânea de Israel. Em vez de nos digladiarmos com a oca questão de "quem entre nós se parece mais com nosso tataravô?", melhor será discutir o que devemos fazer com o legado de todas as gerações. O que é central? O que é marginal? O que acrescentar? Como acrescentar? E mais: o que e como arquivar aquilo cujo tempo passou?

O toque do *shofar* ao pé do Muro Ocidental, ou das Lamentações, no fim da Guerra dos Seis Dias libertou o demônio da garrafa. Desde aquele toque de *shofar*, religiosos e seculares, esquerda e direita, chafurdam, como que tomados por um *dibuk*, na questão de por onde irão passar as fronteiras do Estado e qual bandeira vai tremular sobre os lugares sagrados. O fato é que os lugares sagrados são sagrados aos que os têm como sagrados com ou sem bandeira. Não é a bandeira que lhes confere santidade. No que diz respeito à localização das fronteiras, ela é de fato uma questão relevante, mas só alguém tomado pelo *dibuk* pode considerá-la a mais importante, como se todas as outras empalidecessem diante dela. O que haverá dentro das fronteiras é muito mais importante do que seu traçado.

O Estado de Israel pode se tornar um monstro, ou uma caricatura, em fronteiras ampliadas, assim como pode ser uma sociedade justa, moral, criativa, que vivencia seu legado, com a consciência tranquila, dentro de fronteiras mais reduzidas. É loucura permitir que o posicionamento das fronteiras condicione e distorça as demais questões. Em toda a história do povo de Israel jamais ocorreu que as fronteiras fossem para nós a única questão, ou um assunto supremo, da ordem do dia. É preciso despertar finalmente da hipnose do mapa. Chegou o momento de falar sobre o que é verdadeiramente importante: o que haverá aqui? Quem vamos ser? Será que ainda se concretizarão aqui duas ou três esperanças, além de algumas que o Estado de Israel já concretizou e outras que ainda está concretizando?

Em Israel e no mundo inteiro existem hoje centenas de milhares de judeus, principalmente jovens, para os quais todo o judaísmo se desenha como uma extensão ameaçadora de forças radicais, como uma espécie de punho nacionalista agressivo e opressor. Ou como uma espécie de negócio extorsivo. Ou como um rolo compressor que ameaça vidas particulares e liberdades individuais. Sentimentos como esses colocam em risco a ligação fundamental das multidões de judeus em Israel e no mundo com o legado do povo de Israel. Esse sentimento de rejeição leva muitos a dizer: "Vamos lá, que esses religiosos radicais fiquem com todo o judaísmo deles e sumam de nossa frente".

A Bíblia hebraica, a Mishná, a Guemará, os poemas litúrgicos, o *Sidur* (o livro de orações diárias), o *Machzor* (o livro de orações de Rosh Hashaná e Yom Kippur) e o cancioneiro espanhol e o chassidismo, toda essa maravilhosa estante de livros, tudo isso se configura agora, para muitos judeus, como parte desse rolo compressor que ameaça atropelar todos nós. Cada vez mais os jovens sentem vontade de jogar tudo isso fora e buscar uma espiritualidade totalmente diferente, talvez em algum *ashram* na Índia.

Para mim, isso é uma grande tragédia. Motivo para uma autocrítica profunda dos ortodoxos, dos messiânicos nacionalistas, e também nossa, dos seculares.

Fico triste ao ver como são inertes os seculares diante da autenticidade dos ortodoxos de todos os tipos. Poder-se-ia pensar que esses rabinos, com suas longas barbas, seus chapéus e casacos pretos, são os judeus que são mais judeus. A Liga Nacional.

Em segundo lugar vêm, supostamente, os judeus da liga A, como os dos assentamentos na Cisjordânia, que, com efeito, não vestem casacos pretos nem usam chapéus pretos, mas pelo menos se impõem aos árabes e os lembram de quem é o dono da casa.

Abaixo dos judeus dos assentamentos, nessa escala, vêm os "tradicionalistas", os que ainda mantêm um resquício do que é ser iídiche, jejuam no Yom Kippur, pelo menos até o meio-dia, viajam no sábado, mas não comem porco.

Ainda mais abaixo destes, quase ao pé da escada, fica o "povão", judeus simples e bons que erraram o caminho, "bebês aprisionados", matéria-prima para os que se dedicam a nos reconverter.

No nível mais baixo dessa escala, o mais terrível, o menos judaico, os que mais prejudicam Israel, as "multidões misturadas",* os mais gentios, estão os esquerdistas que incessantemente buscam a paz e defendem os direitos humanos, sem deixar que se pratique em silêncio alguma pequena injustiça ou abuso nacional, e que não param de azucrinar em nosso ouvido, *tsedek, tsedek tirdof*, "Hás de buscar a justiça", "Você e o estranho que vive em seu meio terão o mesmo julgamento", "Não matarás", "Queira a paz e a persiga". E, quando expulsamos a família de quem praticou atentados ou aplicamos um castigo coletivo a uma aldeia árabe, esses esquerdistas insistem em ideias estranhas, como "uma pessoa será morta pelo próprio pecado".

Em que diabo de lugar esses gentios foram buscar toda essa angelicalidade?

Talvez tenha chegado o momento de pararmos e fazermos novamente a pergunta: "Quem é judeu?". Quem são, entre nós, os que têm mais afinidade com aquele pequeno pedaço de cerâmica de Chirbat Kiafa e quem já o esqueceu?

Em Isaías 55,8-9 está escrito: "Pois os meus pensamentos não são os pensamentos de vocês, nem os seus caminhos

* Alusão a multidões de não judeus que se misturaram aos judeus que tinham acabado de se libertar da escravidão no Egito.

são os meus caminhos, declara o Senhor. Assim como os céus são mais altos do que a terra, também os meus caminhos são mais altos do que os seus caminhos e os meus pensamentos mais altos do que os seus pensamentos". Quem ignora esses versículos, quem pensa que está agindo segundo a vontade dos céus, é jactancioso. Nós não temos um papa. E é bom que não tenhamos. É bom ter cuidado com quem se arvora a decifrar algum plano de Deus num cronograma divino e a tentar realizá-lo por meio de políticas ou de exércitos.

Muitos de nós têm a pretensão de cultivar e enriquecer o legado de Israel. Mas não se deve identificar o que é mais importante nele com o *Shulchan Aruch*. A importância do *Shulchan Aruch* na cultura de Israel é inegável, porém não é suprema. O povo de Israel teve uma vida antes do *Shulchan Aruch*, mas também tem uma vida fora dele e uma vida depois dele. Mais do que isso: temos riquezas que estão bem acima do *Shulchan Aruch*, como o pequeno pedaço de cerâmica de Chirbat Kiafa. Como os profetas e a moral dos profetas.

Democracia e pluralismo são expressões populares para a ideia da santidade da vida, da igualdade do valor humano, de "quem salva uma só vida é como se salvasse o mundo inteiro".

Essas ideias não são uma muda estranha plantada em nosso meio, não são mercadoria de importação. A santidade da vida humana emana diretamente do cerne mais interior do espírito de Israel. Acredito que foi nesse lugar que se originou o mandamento "Não causarás dor": "Não faças aos outros o que não queres que façam a ti".

Os seculares também são herdeiros da cultura de Israel. Não os únicos herdeiros, mas herdeiros legais. Herdeiros não são escravos da herança. Ao contrário. É direito legal dos herdeiros arquivar, depositar e isolar parte da herança ou dar destaque a outra parte, a seu bel-prazer. Quando herdo a casa de meus pais, avós e bisavós, tenho o direito de resolver quais móveis vou baixar ao porão ou subir para o sótão e quais vão permanecer na sala de estar.

É óbvio que a próxima geração terá o direito de mudar toda a arrumação: subir do porão ou baixar do sótão aquilo que eu armazenei e redecorar a sala de estar.

O rabi Ionathan ben Yosef diz sobre o sábado: "Ele foi entregue em suas mãos, e não vocês nas mãos dele" (Ioma 85). Desse mesmo modo podem ser definidas a controvérsia que existe entre nós e os ortodoxos e a que existe entre nós e os messiânicos dos assentamentos: nós seculares acreditamos que nosso passado foi entregue em nossas mãos. Não fomos entregues a nosso passado.

Este é, mais ou menos, o coração da controvérsia. O nosso passado nos pertence ou estamos submetidos a ele? O escritor Micha Iossef Berdichevsky escreveu cerca de cem anos atrás: "Declaração primordial aos judeus sobre o judaísmo: o homem vivo é prioritário ao legado de seus pais".[4]

O que hoje floresce talvez fertilize o que vai florescer amanhã, e o que vai florescer amanhã talvez se pareça com o que floresceu anteontem. Há estações na vida da cultura. Durante milhares de anos, a cultura de Israel tem absorvido sementes de frutos de outras culturas e também asperge seus pólens em culturas alheias. Tudo isso, para mim, se condensa num meio versículo: *Chadesh iameinu kedem*,* "Renove nossos dias para que sejam como eram antes".

É impossível renovar sem ter aquilo que foi antes, e não há existência para o que foi antes de não se renovar.

4. M. I. Berdichevsky, *Stirá uvinian*.
* Expressão que encerra a oração do retorno da Torá a seu repositório sagrado após sua leitura.

Sonhos de que Israel deve se livrar rapidamente[1]

Comecemos com a questão mais importante, um caso de vida ou morte para o Estado de Israel.

Se aqui não houver dois Estados, e rapidamente, haverá um Estado apenas. Se aqui houver apenas um Estado, será um Estado árabe, do mar até o rio Jordão. Seria possível, e até apropriado, judeus e árabes viverem juntos, mas de forma alguma eu concordaria em viver como uma minoria judaica sob um regime árabe, porque quase todos os regimes árabes no Oriente Médio oprimem e humilham minorias. E, prin-

1. Baseado na palestra que proferi em um dia de estudos dedicado à memória do general Shahak, no Instituto Interdisciplinar em Herzlia, e na mesma palestra, em versão diferente, no Instituto de Pesquisas de Segurança Nacional (as duas palestras foram em 2015).

cipalmente, porque defendo o direito dos judeus israelenses de, como qualquer outro povo, ser maioria e não minoria, mesmo que seja neste pedacinho tão pequeno de terra.

Eu disse: um Estado árabe do mar até o rio Jordão. Não disse "Estado binacional": fora a Suíça, todos os Estados binacionais e plurinacionais estão periclitantes (Bélgica, Reino Unido, Espanha) ou já ruíram em meio a um banho de sangue (Líbano, Chipre, Iugoslávia, ex-União Soviética).

Se aqui não houver dois Estados, e rapidamente, é muito provável que, para conter o estabelecimento de um Estado árabe do mar até o rio Jordão, reine, temporariamente, uma ditadura de judeus fanáticos, uma ditadura com características racistas, uma ditadura que vai oprimir com mão de ferro tanto os árabes como seus opositores judeus. Uma ditadura assim não perdurará por muito tempo. Quase nenhuma ditadura de minoria que oprime a maioria teve longa duração na era moderna. No final dessa estrada o que nos espera também é um Estado árabe do mar até o rio Jordão, e antes disso um boicote internacional, ou um banho de sangue, ou ambos.

Há entre nós todo tipo de sábios que nos dizem não haver solução para o conflito, por isso eles pregam a ideia de "gerenciamento do conflito", cujo aspecto é o mesmo do ciclo de guerras no norte e no sul no decorrer das últimas décadas. Gerenciar o conflito significa dar continuidade à primeira Guerra do Líbano, à segunda, à terceira, à quarta e à quinta, bem como às operações Chumbo Fundido, Pilar de Nuvem, Rocha Firme, Arco Distendido, Botas de Ferro e Surra Mortal. E também uma ou duas intifadas em Jerusalém e nos territórios ocupados. Até o colapso da Autoridade Palestina e a ascensão do Hamas, ou algum fator ainda mais radical e mais fanático do que o Hamas. Esse é o significado de gerenciamento do conflito.

Agora falemos por um momento da solução do conflito: há mais de cem anos (poderíamos chamá-los de "cem anos de solidão") que não se apresenta um momento tão propício para pôr fim ao conflito. Não porque os árabes de repente se tornaram sionistas, e não porque agora estejam dispostos a reconhecer nosso direito histórico a esta terra, mas porque o Egito, a Jordânia, a Arábia Saudita, os Emirados do golfo e os países do Magreb, e até a Síria de Assad, têm no presente e no futuro previsível um inimigo muito mais imediato, mais devastador, mais perigoso do que o Estado de Israel.

Há mais de uma década, em 2002, foi colocada sobre nossa mesa a proposta de paz saudita, que na realidade é a proposta da Liga Árabe. Não estou aconselhando que se corra a assinar na linha pontilhada embaixo dela, mas sem dúvida vale a pena negociar e regatear seus termos. Devíamos ter feito isso já há muitos anos, e, se o tivéssemos feito, talvez estivéssemos hoje numa situação totalmente diferente. Se uma proposta como essa nos tivesse sido apresentada na época de Ben Gurion e de Levi Eshkol, na época dos "nãos" da Reunião de Cúpula de Liga Árabe em Cartum, com certeza iríamos todos sair para dançar nas ruas.

Vou fazer agora uma afirmação controversa: pelo menos desde a Guerra dos Seis Dias, em 1967, não vencemos nenhuma guerra. Nem a Guerra do Yom Kippur. Uma guerra não é um jogo de basquete, no qual quem faz mais pontos ganha um troféu e o aperto de mão ao vencedor. Na guerra, mesmo que tenhamos destruído mais tanques do que o inimigo, derrubado mais aviões, conquistado mais territórios, matado mais do que morrido, isso não quer dizer que vencemos. O vitorioso é aquele que atinge seus objetivos, o perdedor é o que não os atinge. Na Guerra do Yom Kippur, o objetivo de Anwar al Sadat era acabar com o statu quo que se estabelecera desde a Guerra dos Seis Dias, e ele conseguiu. Fomos derrotados porque não realizamos nosso objetivo, e não o fizemos porque não tínhamos objetivo algum, nem poderíamos ter qualquer objetivo atingível por meio de força militar. (Já o afirmara meu amigo, o general Israel Tal, de memória abençoada.)

Disse, com isso, que a força militar é dispensável? De forma alguma. A cada momento nas últimas décadas, nossa força militar se interpõe ininterruptamente entre nós e nossa destruição e aniquilamento. Contanto que nos lembremos: quando se trata de Israel e seus vizinhos, nossa força militar pode apenas prevenir e evitar — evitar uma catástrofe. Evitar o extermínio. Evitar um golpe massivo em nossa população. Mas vencer as guerras, isso não podemos, simplesmente porque não temos objetivos nacionais consensuais que possamos atingir pela força militar. Por isso, como disse, para mim, a ideia do gerenciamento do conflito só vai levar a agruras e mais agruras, para não dizer derrotas e mais derrotas.

Muitos israelenses, israelenses demais, acreditam — ou fazem autolavagem cerebral até acreditar — que basta pegar um pedaço de pau muito grande e desferir nos árabes só mais uma pancada, muito forte; eles finalmente vão se assustar e nos deixar em paz de uma vez por todas e tudo vai se ajeitar. Já faz mais de cem anos que os árabes não nos deixam em paz, apesar de nosso grande pedaço de pau. A briga entre Israel e Palestina é uma ferida que sangra há dezenas de anos. Uma ferida cheia de pus. Não faz sentido brandir novamente um grande pedaço de pau e bater numa ferida que sangra para que se assuste e finalmente deixe de ser uma ferida e finalmente pare de sangrar. Uma ferida aberta tem de ser tratada, e existe um caminho claro para tratá-la e curá-la gradualmente.

Enquanto isso, o regime de opressão israelense nos territórios ocupados faz ruir cada vez mais a Autoridade Palestina. E, se ela cair, teremos de enfrentar também na Cisjordânia o Hamas, ou algo pior. Milhões de palestinos nos territórios ocupados vivem sob constante humilhação, subjugados e privados de direitos. Sua honra pessoal e nacional foi esmagada, seu patrimônio negligenciado, e suas vidas sob domínio israelense se desvalorizaram. Cerca de um terço das terras da Cisjordânia já foi surrupiado por Israel, e esse roubo continua.

A direita e os judeus dos assentamentos alegam que temos direito a toda a Terra de Israel; que temos direito ao monte do Templo. Mas a que na verdade se referem com a palavra "direito"? Direito não é aquilo que eu desejo muito e que sinto muito intensamente que me pertence ou que mereço. Direito é o que os outros reconhecem ser meu direito. Se os outros não o reconhecem, ou se apenas parte deles o reconhece, ou se reconhecem apenas uma parte dele, então o que eu tenho não é um *direito*, e sim uma *reivindicação*. Essa é, exatamente, a diferença entre Ramle e Ramallah, entre Haifa e Nablus, entre Beer Sheva e Hebron: o mundo inteiro, inclusive a maior parte do mundo árabe e muçulmano (com exceção de Hamas, Hezbollah e Irã), reconhece hoje que Haifa e Beer Sheva são parte do Estado de Israel. Ninguém no mundo, com exceção dos que estabelecem assentamentos e seus apoiadores na direita radical cristã na América, reconhece que Nablus e Ramallah pertencem a nós. Essa é, exatamente, a diferença entre direito e reivindicação.

Os habitantes de assentamentos e seus apoiadores afirmam: "Temos direito a toda a Terra de Israel", mas na verdade querem dizer algo totalmente diferente: na visão deles, não se trata somente de um direito, mas principalmente de uma obrigação, a obrigação religiosa de ocupar cada palmo de terra. Quando estou diante de uma passagem para pedestres pintada no asfalto, é claro que tenho o direito de atravessar a rua. Porém, se em minha direção vem um caminhão a cem quilômetros por hora, tenho também todo o direito de não me valer desse direito e de não atravessar a rua. Nossos fanáticos estão convencidos de que nossa obrigação religiosa é ignorar o perigo e atravessar a rua, e dos céus virá nossa salvação.

Digamos que o assunto seja, por exemplo, o monte do Templo.* Por que os judeus não teriam direito de rezar no monte do Templo? Mas também temos o direito de não exercer, nesta geração, esse direito. E eis que entre nós há pessoas para as quais o conflito com 200 milhões de árabes já não é suficiente, já começa a entediá-los, está ficando chato, eles querem *action*. Querem nos levar a uma guerra com todo o Islã. Com a Indonésia, com a Malásia, com o Irã, com a Turquia e com o Paquistão nuclear. Será que vale a pena morrer pela possibilidade de rezar no monte do Templo? Não existe tal obrigação em nenhuma escritura de Israel. A

* O monte do Templo é uma elevação onde se edificaram dois templos sagrados de Israel. Durante o domínio muçulmano, no século VII, ali se construiu a mesquita de Omar, ou Domo da Rocha ou Cúpula da Rocha. Por acordo entre árabes e judeus, estes últimos não têm permissão de orar na esplanada superior do monte do Templo.

aspiração a poder rezar no monte do Templo não se encaixa na categoria de "morra, mas não abra mão disso", nem mesmo do ponto de vista da *Halachá*. Se alguém está querendo desencadear uma guerra mundial contra todo o Islã pelo monte do Templo — [será] sem a minha participação, por favor, e sem a dos meus filhos. Sem a dos meus netos.

E mesmo uma guerra contra o Islã não lhes basta. Há quem tente nos arrastar para uma guerra contra o mundo inteiro. Quarenta anos atrás, logo depois da reviravolta de 1977 na política israelense e da ascensão do Likud ao poder, um editor de um jornal estava tão contente com essa reviravolta que abriu seu artigo de fundo com as inesquecíveis palavras: "A vitória do partido Likud nas eleições em Israel devolve a América a suas verdadeiras dimensões". Atualmente também somos testemunhas de uma tentativa israelense de "devolver o mundo exterior a nós a suas verdadeiras dimensões". De destruir a aliança entre o povo americano e Israel ou substituí-la por uma aliança restrita à nossa direita mais extremista e à direita extremista na América. Nos meses em que se lutou contra um futuro nuclear para o Irã, houve quem nos dissesse: "O líder do mundo livre está lutando sozinho contra o projeto nuclear iraniano. Por que o presidente Obama o atrapalha o tempo todo?".

A eleição de Donald Trump para a presidência dos Estados Unidos deslumbrou o pessoal dos assentamentos e seus apoiadores, quase como se tivessem conseguido espetar um novo assentamento no coração da Casa Branca. Mas vale lembrar que a maioria dos americanos votou contra Trump, e não a seu favor. Vale lembrar também que a maioria dos que votaram em Trump não o escolheu porque ele comprou a ideia de uma Terra de Israel inteira e judaica; além disso, vale lembrar que até mesmo o presidente Trump e seu governo não apoiam a anexação dos territórios ocupados ao Estado de Israel e a criação de um Estado ampliado no qual os judeus vão morar nos andares dos donos e os palestinos, no porão dos empregados. Na verdade, a não ser pelos judeus dos assentamentos e por alguns fanáticos religiosos cristãos americanos que os apoiam, o mundo inteiro — de ponta a ponta — está unido em sua oposição ao domínio israelense dos territórios da Cisjordânia e de seus habitantes palestinos.

Não podemos nos esquecer — na verdade somos proibidos de esquecer — de que pelo menos duas vezes na história nos chocamos frontalmente com uma grande potência, e nas duas vezes anteriores, contra a Babilônia e contra Roma, as coisas acabaram muito mal para nós.

Consigo visualizar um futuro, não muito distante, no qual em Amsterdam, em Dublin ou em Madri os trabalhadores se recusarão a cuidar de aviões da El Al. Consumidores boicotarão produtos de Israel e os deixarão mofar nas prateleiras. Investidores e turistas não irão mais pisar em terras israelenses. A economia israelense irá ruir. Já estamos na metade do caminho para isso.

David ben Gurion nos ensinou que o Estado de Israel não conseguiria se manter sem o apoio de pelo menos uma grande potência. Qual potência? Elas mudaram com o tempo. Uma vez foi a Grã-Bretanha, uma vez a Rússia de Stálin, em breves ocasiões Inglaterra e França, e, nas últimas décadas, os Estados Unidos. Mas a aliança com os Estados Unidos decididamente não é um fenômeno natural. É um fator sujeito a mudanças, não é permanente.

Uma das distinções mais importantes que se devem fazer na vida humana e na vida dos povos é aquela entre o que é permanente e o que é efêmero, sujeito a mudanças.

Por exemplo, durante décadas nos atemorizaram com a ideia de que, se devolvêssemos os territórios ocupados, "tanques comunistas do Pacto de Varsóvia surgiriam em Kfar Saba". Ninguém pode garantir que, se evacuarmos os territórios ocupados, tudo vai ficar uma maravilha. Mas é possível garantir que não haverá tanques comunistas em Kfar Saba. Não se pode confundir um fator transitório com um fator permanente.

Os mesmos alarmistas seriais que na época nos sobressaltavam com o Exército Vermelho nas portas de Kfar Saba nos atemorizam hoje dizendo que, se recuarmos dos territórios, vão chover mísseis em Tel Aviv, no aeroporto Ben Gurion e em Kfar Saba. Não posso afirmar com certeza que isso vai ou não acontecer, no entanto posso dizer com toda a autoridade de um primeiro-sargento de Tsahal, o Exército de Defesa de Israel, que hoje mísseis já podem atingir o aeroporto Ben Gurion, Tel Aviv e Kfar Saba, mísseis disparados não apenas de Kalkilia, mas também do Iraque, do Paquistão, e talvez até da Indonésia. Mais uma vez, como no caso dos tanques comunistas às portas de Kfar Saba, estamos diante de uma lamentável falta de distinção entre o que é transitório e o que é permanente. Se não hoje, certamente amanhã ou depois de amanhã será possível atingir, com um impacto arrasador e preciso de mísseis lançados de qualquer ponto do mundo, qualquer ponto do mundo. Será que temos de enviar Tsahal para que conquiste o globo terrestre?

O fato de os Estados Unidos serem nossos aliados é transitório. Passível de mudança. Porém, o fato de os palestinos serem nossos vizinhos e o de que existimos no coração de um mundo árabe e muçulmano são, os dois, componentes permanentes de nossa situação. Até mesmo o perigo de um Irã nuclear é uma questão transitória, e não permanente, porque, ainda que nós ou outros bombardeemos as instalações nucleares no Irã, não podemos bombardear o conhecimento que eles detêm. E mais: o Paquistão nuclear pode, amanhã, passar a ser um Estado islâmico mais radical do que o Irã. Mais ainda: não há quem possa impedir que os inimigos ricos de Israel comprem armas nucleares diretamente das prateleiras, prontas para uso, e as apontem contra nós. Dentro de alguns anos, e não serão muitos, todo aquele que quiser armas de destruição em massa poderá consegui-las. Nesse aspecto também é obrigatório saber distinguir o permanente do transitório. O permanente tem de ser a capacidade dissuasiva de Israel, enquanto as capacidades de nossos inimigos, sua capacidade nuclear e outras, são uma questão transitória, que em última análise não depende de nós.

Eu disse que, ao contrário do que afirmam alguns colegas na esquerda pacifista, não posso garantir que, se, no âmbito de um acordo de paz, sairmos dos territórios, tudo vai ficar maravilhoso. Mas tenho certeza de que se ficarmos neles, tudo vai piorar. Se permanecermos nos territórios, no final vai haver um Estado árabe do mar até o rio Jordão.

Cabe aqui fazer uma autocrítica e também uma crítica a alguns colegas na esquerda pacifista. Há milhões de israelenses que talvez abrissem mão dos territórios em troca da paz, mas eles não confiam nos árabes. Não querem "bancar os trouxas". Têm medo. Ninguém pode, nunca, fazer pouco do medo, é proibido zombar dele. Talvez seja possível desmontá-lo. Pode-se tentar tranquilizá-lo. Talvez não seja prejudicial à esquerda pacifista israelense participar um pouco desse medo. Há, sim, o que temer. Seja como for, um homem que teme, com ou sem razão, não merece escárnio nem deboche. Nem desprezo. A questão da paz em troca de territórios, é preciso discuti-la sem zombaria e sem menosprezo, ponderando os prós e os contras entre um perigo e outro.

Eis mais um erro que alguns membros da esquerda pacifista cometem. Para eles, a paz está na prateleira de cima em uma loja de brinquedos. Estendendo a mão, pode-se tocá-la. Papai Rabin quase tocou nela nos acordos de Oslo, mas não quis pagar o preço pedido e não trouxe o brinquedo. Papai Ehud Barak quase tocou nela em Camp David, contudo regateou o preço e voltou sem a paz. O mesmo aconteceu com papai Mordechai Olmert — pai sovina, que não gosta muito de nós, pois, se gostasse, teria pagado o que foi pedido e nos trazido a almejada paz há muito tempo.

Meu ponto de partida sionista, já faz décadas, é muito simples: não estamos sozinhos nesta terra. Não estamos sozinhos em Jerusalém. Eu digo o mesmo para meus colegas palestinos. Vocês não estão sozinhos nesta terra. Não há outra saída senão dividir esta casa pequenina em duas residências ainda menores. Sim, um condomínio residencial para duas famílias. Se alguém, de um ou do outro lado da barricada israelense-palestina, disser "Esta é minha terra" — ele terá razão. Mas se alguém, deste ou do outro lado da barricada, disser: "Esta terra, do mar até o rio Jordão, é minha e somente minha" — desse alguém emana um cheiro de sangue.

Sim: um acordo de concessões mútuas entre Israel e a

Palestina. Sim: dois Estados. A divisão dessa terra e sua transformação numa residência para duas famílias. Em ambos os lados há muitas pessoas que abominam a própria ideia de um acordo de concessões mútuas. Em todo acordo eles veem fraqueza, capitulação, até mesmo degradação. E eu penso que na vida familiar, nas relações entre vizinhos, e também na vida dos povos, a opção do acordo é na verdade a opção pela vida. O contrário de acordo de concessões mútuas não é altivez, nem é integridade ou fidelidade a ideais. O contrário desse acordo é fanatismo e morte.

Os palestinos na verdade travam conosco duas guerras diferentes: por um lado, muitos deles lutam pelo fim da ocupação e por seu direito justo à independência nacional, direito de ser "um povo livre em sua terra". Toda pessoa honrada vai apoiar essa luta, mas não todos os meios que eles utilizam nela. Por outro, muitos palestinos travam a guerra do Islã fanático, pela aspiração fanática de eliminar o Estado de Israel como Estado da nação judaica e de todos os seus cidadãos. (Pois, segundo a concepção do Islã fanático, os judeus são desprezíveis demais para que sejam considerados um povo e no máximo lhes deve ser permitido rezar na sinagoga e existir como indivíduos de espírito inferior sob a "custódia" do regime islâmico — como, durante muitas gerações, os judeus do Iêmen, do Iraque, do Irã e da Síria.) Essa é uma guerra criminosa, que toda pessoa honrada repudiará.

A origem dessa perplexidade, dessa confusão e supersimplificação — que reinam entre nós e no restante do mundo — está no fato de que muitos palestinos travam essas duas guerras ao mesmo tempo.

Até mesmo pessoas honradas, defensoras da paz e da justiça, em Israel e no mundo, caem nessa arapuca: ou elas defendem a continuidade da ocupação israelense de territórios da Cisjordânia com a alegação de que Israel é uma vítima da jihad, e portanto a ocupação é um ato de legítima defesa, ou amaldiçoam e xingam Israel, alegando que a ocupação, e apenas a ocupação, é a fonte de todo o mal, por isso os palestinos têm o direito de derramar sangue israelense sem nenhuma restrição.

Os palestinos travam aqui duas guerras: uma é justa em toda a acepção do termo, a outra, totalmente injusta. Quase como Dr. Jekyll e Mr. Hyde.

Quase o mesmo pode ser dito do Estado de Israel: ele também é Dr. Jekyll e Mr. Hyde. Ele também trava duas guerras ao mesmo tempo: uma é a guerra justa pelo direito do povo judeu de ser um povo livre em sua terra, e a outra é uma guerra de opressão, injustiça e exploração, cujo objetivo é acrescentar a seu apartamento mais dois ou três cômodos às expensas do vizinho palestino, roubando suas terras e os privando de seu direito à liberdade.

A ideia de um Estado binacional, que agora nos apregoam a extrema esquerda e também a direita sonâmbula, a meu ver, é uma piada triste. É impossível esperar que israelenses e palestinos, depois de cem anos de sangue, lágrimas e tragédias, pulem de repente para uma cama de casal e comecem uma lua de mel.

Se em 1945 alguém propusesse unificar a Polônia e a Alemanha num só país binacional, seria internado num asilo de loucos.

Alguns dias após a grande vitória da Guerra dos Seis Dias eu já havia escrito sobre "a total devastação moral que uma conquista prolongada causa no conquistador". Já então eu temia que a conquista corrompesse os conquistados também. Muita gente, e muita gente boa, inclusive o professor Ishaiahu Leibovitz, não demorou a ratificar essa ideia.

Não. Nós e os palestinos não somos capazes de nos tornarmos, amanhã, "uma família unida e feliz". Nós precisamos de dois Estados. Com o decorrer do tempo talvez consigamos cooperação, um mercado comum, uma federação. Mas na primeira etapa esta terra tem de ser um condomínio com duas residências para duas famílias, porque nós, os judeus israelenses, não vamos sair daqui. Não temos para onde ir. E os palestinos tampouco irão a algum lugar. Eles também não têm para onde ir. A briga entre nós e os palestinos não cabe num filme de faroeste de Hollywood com mocinhos e bandidos. É a tragédia da justiça contra a justiça. Escrevi isso quase cinquenta anos atrás, e é nisso que acredito ainda hoje. Justiça contra justiça e com muita frequência, infelizmente, injustiça contra injustiça.

Um cirurgião na emergência do hospital, tendo diante de si um ferido com lesões múltiplas, se perguntará: o que é prioritário, o que é urgente, qual é a lesão que pode matar o ferido? No caso do Estado de Israel, o perigo existencial é a continuação do confronto com os árabes, cujo desfecho pode ser um confronto com a maioria dos países do mundo. Um confronto que pode pôr em perigo a nossa existência.

Talvez seja este o lugar de revelar o mais guardado e protegido segredo relativo à segurança de Israel. O segredo é que, na verdade, nós somos mais fracos, sempre fomos mais fracos do que a soma de nossos inimigos. Há décadas nossos inimigos estão inundados pela retórica selvagem que clama por extinguir Israel e jogar os judeus no mar. E o que os impediu de lançar sobre nós 1 milhão de combatentes, 2 milhões ou 3 milhões? Nunca nos atacaram com mais de algumas dezenas de milhares. Porque, apesar da retórica assassina, a existência de Israel ou sua eliminação nunca foi para eles uma questão de vida ou morte, nem para a Síria, nem para a Líbia, o Egito, ou mesmo o Irã. Talvez só para os palestinos. No entanto, para nossa sorte, os palestinos são poucos e fracos demais para nos vencer. Em sua totalidade, nossos inimigos poderiam ter nos vencido há muito tempo, se, isola!, tivessem uma motivação verdadeira e não uma motivação retórica e propagandística. Uma aventura empreendida por nós no monte do Templo poderia lhes prover tal motivação.

Não estou certo de que seja possível acabar com essa briga da noite para o dia. Mas se pode tentar. Creio que já poderíamos, há algum tempo, ter reduzido o conflito Israel--palestinos a um conflito Israel-Gaza.

É difícil ser profeta em uma terra de profetas. A competição é grande demais. Minha experiência de vida, porém, me ensinou que no Oriente Médio os termos "para sempre", "nunca, jamais", "de modo algum" significam algo entre seis meses e trinta anos. Se me dissessem, quando fui convocado como reservista para servir no deserto do Sinai na Guerra dos Seis Dias, e nas colinas de Golan na Guerra do Yom Kippur, que um dia iria visitar o Egito e a Jordânia com um visto egípcio e um jordaniano em meu passaporte israelense, eu, a pomba, o pacifista, diria: Não exagerem. Talvez meus filhos, ou meus netos. Mas não eu.

A palavra que mais me irrita e revolta nos últimos tempos é "irreversível". A extrema direita, por um lado, e os grupos de pós-sionistas e antissionistas em Israel e no mundo, por outro, como que firmaram entre si uma aliança secreta, uma conspiração, para nos submeter a uma lavagem cerebral para que acreditemos que a ocupação israelense da Cisjordânia é irreversível, os assentamentos são irreversíveis, a possibilidade de uma solução de dois estados está perdida, e isso é irreversível.

A direita fanática emprega o termo "irreversível" para nos informar que a anexação dos territórios ocupados a Israel é final e definitiva e que, se não quisermos viver sob o domínio de uma maioria árabe entre o mar Mediterrâneo e o rio Jordão, temos simplesmente de esquecer a democracia: temos de aceitar que os judeus dominem toda a Terra de Israel, e os árabes serão nossos lenhadores, felizes com seu quinhão, e aguadeiros cheios de gratidão. Nossos fanáticos dizem agora, não sem uma ponta de alegria à custa dos outros: vocês, os israelenses judeus para quem a democracia é tão importante, terão de esquecê-la: se não quiserem viver aqui num Estado árabe e sob o domínio de uma maioria árabe, serão obrigados a desistir da sua querida democracia, do Estado de direito, da Suprema Corte, e terão de se acostumar a viver aqui sob o domínio judaico dos rabinos das colinas.* Isso não os agrada? Então podem sumir daqui e ir para onde quiserem. Saiam de nossas vistas de uma vez por todas.

Os pós-sionistas e os antissionistas, de Tel Aviv aos campi do Ocidente, vivem repetindo que a ocupação israelense nos territórios é "irreversível", e por isso, como aconteceu na África do Sul, vocês terão de optar entre ser um povo de senhores numa terra de apartheid judaico ou desistir da visão

* Referência irônica aos judeus messiânicos, que usam violência contra os árabes.

sionista de um Estado judeu, e aceitar seu destino como minoria sob o domínio árabe do Mediterrâneo ao Jordão. Não estão satisfeitos? Por favor, deem o fora daqui.

Essa verdadeira tenaz, que se fecha da direita e da esquerda, essa dupla lavagem cerebral, essa bomba "irreversível", tem o objetivo de abalar o espírito da esquerda sionista, que se opõe à conquista dos territórios e se recusa a continuar dominando outro povo, mas segue acreditando que o povo judeu e israelense tem o direito natural, histórico, jurídico, de viver uma vida soberana como maioria, mesmo que em um país democrático muito pequeno.

A esquerda sionista é detestada por aqueles que se assentaram nas colinas, por um lado, e pela frente pós-sionista e antissionista, por outro. As duas frentes execram essa esquerda há muitos anos, e ambas estão empenhadas em derrotá-la. Por isso, às vezes parece que esses dois extremos se uniram na tarefa de nos fazer perder a esperança e nos obrigar a optar entre desistir do sionismo ou desistir da democracia. E ambos esperam que essa opção seja tão terrível e tão insuportável para nós que vamos levantar acampamento e fugir daqui.

O que, com que raios, significa "irreversível"? O que é irreversível na ocupação e na opressão de Israel nos territórios palestinos?

Quem foi testemunha ocular, como eu, da proclamação do Estado de Israel apenas três anos após o assassinato do judaísmo europeu pelos alemães nazistas não vai se apressar a comprar o conceito de irreversível. Quem viu Charles de Gaulle, o herói da direita francesa, conceder independência à Argélia, que estava anexada à França e onde viviam centenas de milhares de franceses fanáticos em seus assentamentos, não vai se apressar a comprar as ameaças dos profetas do irreversível. Quem viu o pacifista Levi Eshkol, do kibutz Degania, governar, após a Guerra dos Seis Dias, o mais extenso Estado judaico desde os tempos do rei Davi; quem viu Menachem Begin, o líder da direita israelense, desmontar, dez anos depois, o "império" de Levi Eshkol em benefício de um acordo de paz com o Egito; quem viu o presidente Sadat, o "rei dos árabes", o chefe dos inimigos de Israel, fazer um discurso na *Knesset* e nos oferecer a paz e o reconhecimento em troca da devolução de territórios, e Menachem Begin apertando sua mão estendida; quem viu John Kennedy, herói da esquerda americana, afundar a América na lama do Vietnã, e o líder da direita americana Richard Nixon desatolar a América do Vietnã; quem viu Itschak Rabin e Shimon Peres, dois falcões que apoiaram assentamentos, apertar a mão de Yasser Arafat e tentar chegar a um acordo de dois Estados; quem viu o discípulo do Komsomol Mikhail Gorbachóv desmontar de repente e definitivamente o Império soviético; quem viu os buldôzeres de Ariel Sharon apagarem da face da terra os assentamentos do mesmo Sharon em Gaza — quem viu tudo isso, e mais ainda, não vai comprar e tomar facilmente essas pílulas de desesperança chamadas de "situação irreversível". E eu afirmo: talvez o fanatismo dos que pregam e fazem assentamentos também seja reversível. Talvez o dogmatismo da esquerda antissionista também seja reversível.

Talvez apenas a morte seja irreversível. E mesmo ela, um dia, teremos de examinar mais de perto, de modo totalmente individual.

Para terminar, tiremos nossa atenção por um momento de nossos temores existenciais e a voltemos para o fato de que há dezenas de anos ocorre em Israel uma era de ouro cultural. Na literatura, no cinema, na música, no teatro, nas artes plásticas, no pensamento, na ciência, na tecnologia e na high-tech. Em geral, as pessoas só mencionam, saudosas, uma "era de ouro" depois que ela passou e não existe mais. Mas Israel vive há décadas uma plena era de ouro de criatividade. A cidade de Tel Aviv, por exemplo, a primeira cidade hebreia, é a meu ver uma criação coletiva do povo de Israel, e não é menos importante, talvez seja mais importante, que a literatura rabínica que foi escrita na diáspora, ou que o *Shulchan Aruch*. Tel Aviv, uma cidade na medida do homem, é apenas uma das criações coletivas que se fizeram na Terra de Israel: cidades e vilas, aldeias, *moshavim* e kibutzim.

Contudo, há quem atue contra essa criação, porque a

cultura hebraica lhe parece ser "esquerdista" demais. Existiram — e ainda existem — regimes que incitam as pessoas contra a cultura, principalmente devido ao fato de quase sempre, em quase toda época e todo lugar, os criadores de cultura terem tendências oposicionistas. Em épocas distintas e lugares distintos, muitos criadores de cultura tenderam a estar numa oposição à direita, e não à esquerda, do regime: foi isso que aconteceu aqui, por exemplo, na época dos governos de esquerda, quando quase todos os grandes nomes da literatura hebraica aderiram ao movimento por um grande Israel, em toda a antiga Palestina, um movimento que se posicionou na extrema direita do mapa político.

E agora uma pequena confissão: eu amo Israel mesmo quando não consigo suportá-lo. Se eu estiver condenado um dia a cair na rua, quero cair numa rua de Israel. Não em Londres, não em Paris, não em Berlim, não em Nova York. Aqui, imediatamente, pessoas que não conheço correrão para me levantar (e, quando estiver de pé, com certeza não poucos gostariam de me ver cair novamente).

Tenho muito medo do futuro. Tenho medo da política do governo, e vergonha dela também. Tenho medo do fanatismo e da violência crescentes e cada vez mais difundidos entre nós, e também me envergonho deles. Mas, para mim, é bom estar em Israel. É bom ser cidadão de um Estado que tem 8,5 milhões de primeiros-ministros, 8,5 milhões de profetas, 8,5 milhões de messias. Cada um de nós tem sua fórmula pessoal para a redenção, ou ao menos para uma solução. Todos gritam, e poucos escutam. Não existe tédio. O que existe aqui irrita, revolta, decepciona, às vezes provoca frustração e raiva, mas não raro é excitante e emocionante. O que eu vi aqui durante minha vida é muito mais, e também muito menos, do que meus pais e os pais de meus pais sonharam.

Agradecimentos

Muitas pessoas leram os rascunhos deste livro, ou partes dele, em diferentes etapas de sua escrita, e contribuíram com seu conhecimento, sua especialização e sua sensibilidade.

Meu caloroso agradecimento a todos os que ajudaram a melhorar o que está escrito neste livrinho:

Nili Oz
Fania Oz-Salzberger
Eli Salzberger
Daniel Oz
Dvorah Avan
Chaim Oron
Emunah Alon
Charles Baken

Chaim Beer
Ilan bar-David
Nachum Barnêa
Uzi Bar'am
Tsviah Glezerman
Marev Glezerman
David Grossman
Dalit Gertz
Nurit Gertz
Eran Dolev
Avner Holtzman
Endrew Weylie
Avinoam Verbner
Miri e David Varon
Dorit Zilberman
Shirah Hadad
Shai Huldai
David Chen
Gadi Taub
Daliah Yairi
A. B. Yehoshua
Menachem Ya'ari
Nili Cohen
Rabbi Biniamin Lau
Dan Laor
Niva Lanir

Gafnit Lesri Kukia
Lasri Kokia
Avishai Margalit
Einat Niv
Noah e Ioram Amit
Muki Tsur
Nissim Calderon
Aviad Kleinberg
Aliza Raz-Meltser
Tsali Reshef
Ig'al Shwartz
Yuval Shimoni
Avraham Shapira
Anita Shapira

Referências bibliográficas

CARO FANÁTICO [pp. 11-47]

Amós Oz, *Panter bamartef*, Keter, 1995. [Ed. bras.: *Pantera no porão*. Trad. de Isa Mara Lando e Milton Lando. São Paulo: Companhia das Letras, 1999.]

Galia Oz, *Limrod bamalchut* (documentário apresentado no Canal 1 da TV de Israel), 2007.

A vida de Brian, Monty Python, 1979.

Nathan Alterman, "Shivchei kolotg hadaat". In: *Ior haioná*, Cadernos de Cultura, 1958, pp. 320-2.

Iehuda Amichai, "Hamakom shebó anu tsodkim". In: Iehuda Amichai, *Shirim 1948-1962*, Schoken, 5723 [1963], p. 183.

LUZES E NÃO [UMA SÓ] LUZ [pp. 48-104]

Uri Zvi Grinberg, "Beketz hadrachim omed ravi Levi Itschak MiBerdichev vedoresh tshuvat ram". In: *Rechovot hana'ar*, Schoken, 5714 [1954], pp 271-5.

Iehuda Amichai, "El malê rachamim". In: ______., *Shirim 1948-1962*, p. 69.

Sh'I Agnon, *Oreach natá lalun*, kol sipurei Iossef Agnon, v. 4, Schoken, 5727 [1967].

Chaim Nachman Bialik, "Al Hashchitá". In: ______., *Shirim*. Avner Holtzman, Devir, 2004, p. 248.

S. Izhar, "Oz lihiot chiloni", *Shdemot* 79, 1981.

______., "Sipur Chirbat Chizaa". In: *Arbaá sipurim*, Hakibutz Hameuchad, 1959, p. 88.

Shlomo Tsemach, *Massá ubikoret*, Agudat Hsofrim, Devir, 5714 [1954], p. 35. O texto exato de Shlomo Tsemach a respeito dos heróis de Brener é: "Seus heróis reclamam de Deus — sinal de que há Deus em seus corações".

Nathan Alterman, "Im Knesset rishoná". In: *Hatur hashvii*. Livro 2, Davar, 5713 [1953], p. 44.

M. Berdichevsky, "Stirá uvinian". In: *Kol maamarei Michah Iossef ben Gurion* (*Berdichevsky*), Am Oved, 5712 [1952], pp. 29-30.

SONHOS DE QUE ISRAEL DEVE SE LIVRAR RAPIDAMENTE [pp. 105-28]

Amós Oz, "Sar habitachon umerchav hamechiá". In: *Beor hatochelet haazá*, Sifriat Poalim, 1978, pp. 69-73 (publicado originalmente em *Davar*, 22 ago. 1967; o livro foi reeditado por Keter, 2010).

1ª EDIÇÃO [2017] 1 reimpressão

ESTA OBRA FOI COMPOSTA EM MINION PELO ACQUA ESTÚDIO
E IMPRESSA PELA GRÁFICA PAYM EM OFSETE SOBRE PAPEL PÓLEN BOLD
DA SUZANO S.A. PARA A EDITORA SCHWARCZ EM JULHO DE 2021

A marca FSC® é a garantia de que a madeira utilizada na fabricação do papel deste livro provém de florestas que foram gerenciadas de maneira ambientalmente correta, socialmente justa e economicamente viável, além de outras fontes de origem controlada.